轨道交通实训课新理念新形态活页式教材

铁道供电技术实训指导

（一）变电所

主　编／游　刚　曾　洁
李　慧　王　婷
副主编／白　瑜　魏玉梅

西南交通大学出版社
·成　都·

图书在版编目（CIP）数据

铁道供电技术实训指导. 一，变电所／游刚等主编
. —成都：西南交通大学出版社，2023.4
ISBN 978-7-5643-9244-4

Ⅰ. ①铁… Ⅱ. ①游… Ⅲ. ①电气化铁道－变电所－
高等职业教育－教学参考资料 Ⅳ. ①U223.6

中国国家版本馆 CIP 数据核字（2023）第 058735 号

Tiedao Gongdian Jishu Shixun Zhidao (Yi) Biandiansuo

铁道供电技术实训指导（一） 变电所

主编 游 刚 曾 洁 李 慧 王 婷

责任编辑	黄淑文
封面设计	墨创文化
出版发行	西南交通大学出版社 （四川省成都市金牛区二环路北一段 111 号 西南交通大学创新大厦 21 楼）
发行部电话	028-87600564 028-87600533
邮政编码	610031
网 址	http://www.xnjdcbs.com
印 刷	四川玖艺呈现印刷有限公司
成品尺寸	185 mm × 260 mm
印 张	5.25
字 数	114 千
版 次	2023 年 4 月第 1 版
印 次	2023 年 4 月第 1 次
书 号	ISBN 978-7-5643-9244-4
定 价	22.00 元

课件咨询电话：028-81435775

前言

PREFACE

本书是依据高职铁道供电专业的培养目标和特点，基于铁道供电现场作业所需理论知识和应用技能，积极探索出的一套符合现场岗位实训需求的指导教材。本书突破传统的教学模式，落实“课堂如职场，上课如上岗”的要求，实现“突出技能、模块培训、单项合成、岗位落标、动态评价”的培养目标，着力解决“重理论、轻实作，重课堂、轻现场”的问题，切实提高培训质量和效果，具有一定的实用性和可操作性。

本书遵循模块教学的特点，为了满足课程教学的需要，在调查分析学生面对岗位所需要的基本技能的基础上，突出了岗位的实作技能，加深了学生对铁道供电基础设备的理解，让学生熟悉变电所作业的标准化操作。学生通过实训，熟悉铁道供电常用设备组成，理解变电所设备图纸的逻辑关系，掌握倒闸作业和巡视作业的标准化流程，以及变电所设备故障排查与处理。

本书在内容上分为三个项目，每个项目的任务按照从认知到实训的过程进行编写。项目一介绍了一次设备相关内容及标准化作业流程，如断路器和隔离开关的作用及工作原理，标准化倒闸作业、巡视作业内容；项目二介绍了设备工作原理及故障排除处理，包括二次回路的断线故障及微机保护的电量故障；项目三介绍了断路器控制回路的配线安装与调试，主要讲述了对控制回路的手动接线标准。本书作为实训指导教材，突出了培训内容，简化了实训程序，满足了学生学习的需求。

专家张天平、李佳、潘旭东、刘自祥、张丹、梅飞等对本书编写提供了审核与大力支持，在此深表谢意。

由于编者水平有限，书中存在不妥之处在所难免，欢迎广大读者提出宝贵意见和建议。

编 者

2022 年 10 月

目录
CONTENTS

项目一　一次设备认知及标准化作业

任务一　认识断路器的作用及工作原理

一、实训目的

（1）认识断路器，掌握断路器的分类。

（2）了解断路器的工作原理。

（3）熟悉断路器及机构箱的构造。

（4）能将电气主接线图、电气总平面图、实物三者对应，建立联系。

二、理论链接

1. 功能介绍

在变电所中，高压断路器是高压电路中的重要设备之一，是一次电力系统中控制和保护电路的关键设备。它不仅可以切断或闭合高压电路中的空载电流和负荷电流，而且当系统发生故障时通过继电器保护装置的作用，迅速切断过负荷电流和短路电流，来维护系统的稳定。

高压断路器具有控制作用和保护作用，它可以根据电力系统运行的需要，将部分或全部系统投入或退出运行。

当电力系统某一部分发生故障时，它和保护装置、自动装置相配合，将该故障部分从系统中迅速切除，缩少停电范围，防止事故扩大，保护系统中各类电气设备不受损坏，保证系统无故障部分安全运行。

2. 种类介绍

高压断路器按灭弧介质可分为油断路器、空气断路器、磁吹断路器、固体自产气断路器、真空断路器、六氟化硫（SF_6）断路器，如图 1-1-1 ~ 图 1-1-4 所示。

3. 高压断路器基本结构

高压断路器基本结构如图 1-1-5 所示。

图 1-1-1　六氟化硫断路器示意图

图 1-1-2　六氟化硫断路器机构箱示意图

图 1-1-3　真空断路器示意图

图 1-1-4　真空断路器机构箱示意图

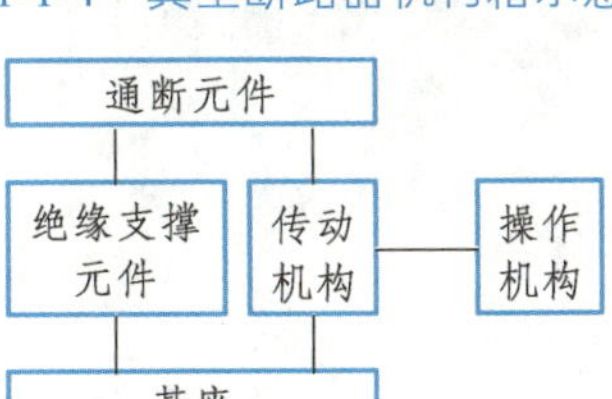

图 1-1-5　高压断路器基本结构示意

通断元件：执行接通或断开电路的任务，其核心部分是触头，其中具有灭弧装置，灭弧能力的大小则决定了开关的开断能力。其中六氟化硫断路器主要是通过惰性气体六氟化硫来进行灭弧。

操动机构：向通断元件提供分合闸操作的能量，实现各种规定的顺序操作，并维持开关的合闸状态。

传动机构：把操动机构提供的操作能量及发出的操作命令传递给通断元件。

绝缘支撑元件：支持固定通断元件，并实现与各结构部分之间的绝缘作用。

基座：用于支撑、固定和安装开关电器的各结构部分，使之成为一个整体。

断路器结构如图 1-1-6 所示，断路器操作机构箱内部结构布局如图 1-1-7 所示。

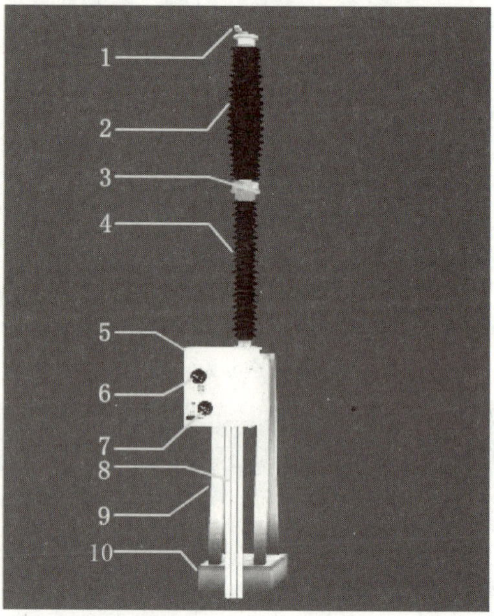

1—上接线端；2—灭弧室；3—下接线端；4—绝缘瓷管；5—机构箱；6—分合闸指示；7—储能指示；8—二次电缆线；9—支架；10—底座。

图 1-1-6 断路器结构

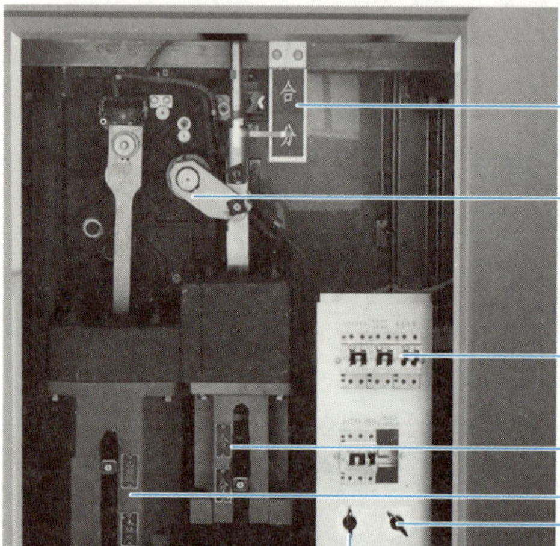

图 1-1-7 断路器操作机构箱内部结构布局

三、实训要求

1. 实训时间

6 个学时。

2. 实训形式

学生自由组成小组，各小组制订实施方案及工作计划。组长协助教师指导本组学生学习，检查实训作业进度和质量，制订改进措施，共同完成项目任务。

3. 安全注意事项

（1）注意爱护实训设备，不得损坏。

（2）计算机只允许打开实训系统，不得进行其他操作。

4. 材料准备

电气主接线图（见附图 1-1-1）、电气总平面图（见附图 1-1-2）、系统使用说明书等。

四、实训作业步骤（见图 1-1-8）

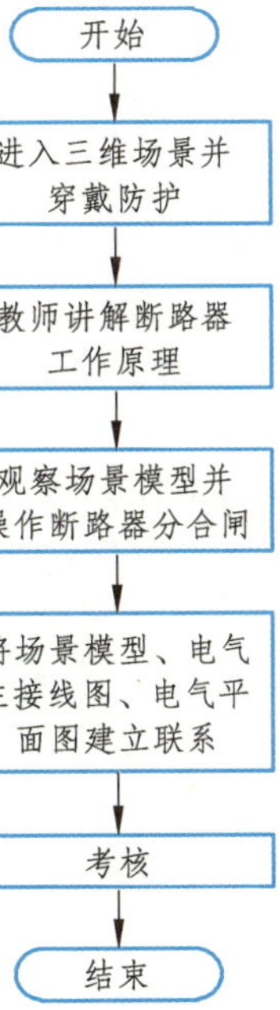

图 1-1-8　实训作业步骤

步骤 1　进入三维场景，按说明书指引，熟悉系统基本操作，并完成以下任务：

① 穿戴安全帽、绝缘手套、绝缘鞋。

② 在控制室的钥匙箱中拿取 101A 断路器钥匙。

③ 打开位于室外的 101A 断路器操作机构箱。

步骤 2　指导教师讲解断路器的分类和工作原理。

步骤 3　根据场景和设备模型，了解断路器的基本构造。

步骤 4　认识断路器代表符号，掌握图纸中断路器所在位置并建立联系。

步骤 5　考核。

① 绘制出六氟化硫断路器结构图并标注部件名称。

② 绘制出操作机构箱内部结构布局图并标注各部分名称。

五、实训考核标准（见表 1-1-1）

表 1-1-1　任务一考核标准

项　目	考核内容及评分标准	配　分	扣分情况
1	1. 以模型为例，绘制出六氟化硫断路器的结构图，并标出每部分的名称，每错、漏、多一处扣 10 分。 2. 绘制出机构箱内部结构布局图，并标出每部分名称，每错、漏、多一处扣 10 分	100	
总　分			

六、思考题

1. 简述断路器的工作原理。
2. 什么是断路器的操作机构?

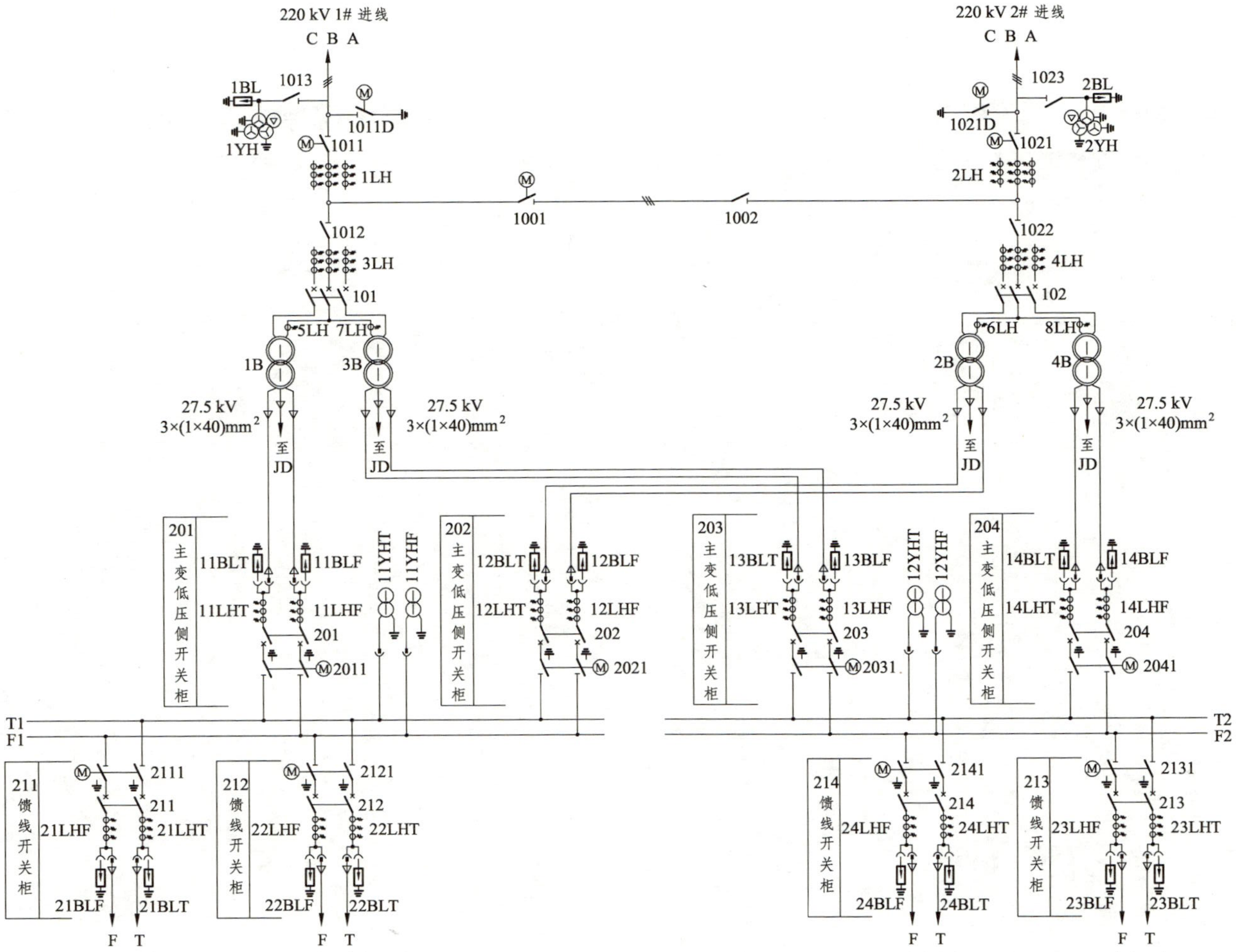

附图 1-1-1 电气主接线图

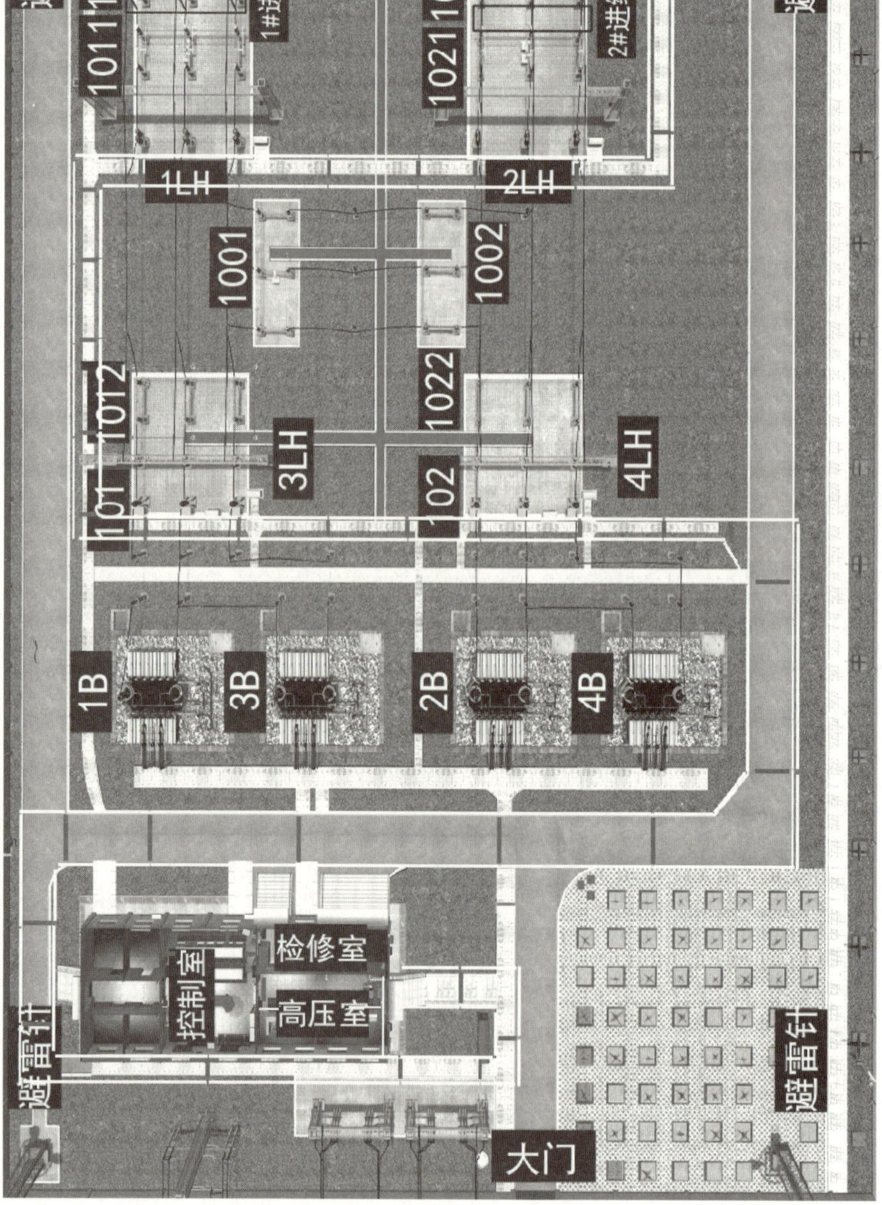

附图 1-1-2　电气总平面图

任务二 认识隔离开关的作用及工作原理

一、实训目的

（1）认识隔离开关，掌握隔离开关的分类。
（2）了解隔离开关的工作原理。
（3）熟悉隔离开关及机构箱的构造。
（4）能将电气主接线图、电气总平面图、实物三者对应，建立联系。

二、理论链接

1. 功能介绍

高压隔离开关是变配电系统中重要的开关电器，它不能用于切断、投入负荷电流和开断短路电流，仅可用于不产生强大电弧的某些切换操作，也就是说它不具备灭弧功能。

隔离开关的主要用途是隔离电源，保证检修装置时工作的安全。在需要检修的部分和其他带电部分之间，用隔离开关构成足够大的明显可见的空气绝缘间隔。

2. 种类介绍

高压隔离开关按安装地点不同可以分为户外式和户内式两种；按绝缘支柱数目可以分为单柱、双柱、三柱式三种。

电动隔离开关的闭合、断开状态如图 1-2-1 和图 1-2-2 所示。

手动隔离开关及其机构如图 1-2-3 和图 1-2-4 所示。

图 1-2-1 电动隔离开关闭合示意图

图 1-2-2　电动隔离开关断开示意图

图 1-2-3　手动隔离开关示意图

图 1-2-4　手动隔离开关机构示意图

3. 高压隔离开关的基本结构

高压隔离开关的基本结构如图 1-2-5 所示。

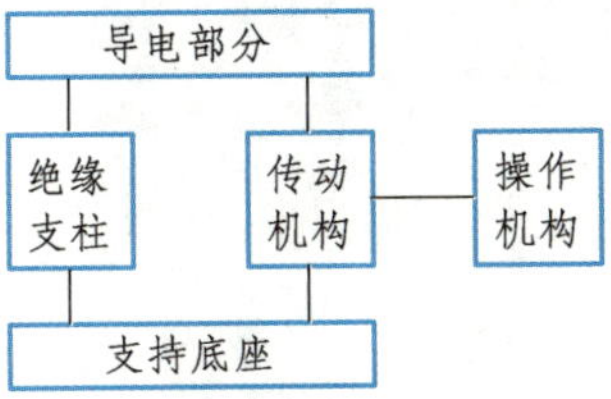

图 1-2-5　高压隔离开关基本结构示意

导电部分：一般由动、静触头两部分组成。在合闸状态下能稳定可靠地通过额定电流、短时耐受电流和峰值耐受电流；在分闸状态下提供安全可见的绝缘断口。

绝缘支柱：用于支撑导电部分，并保证导电回路有可靠的对地、极间及断口间绝缘水平。

传动机构：将地面的操作指令及操作能量传递给导电部分。

支持底座：提供设备安装基础的接口并附带接地开关、联锁装置。

操作机构：准确执行操作指令，并通过传动机构传递至导电部分以执行相应的分合闸功能。

隔离开关的结构布局如图 1-2-6 所示，隔离开关机构箱内部结构布局如图 1-2-7 所示。

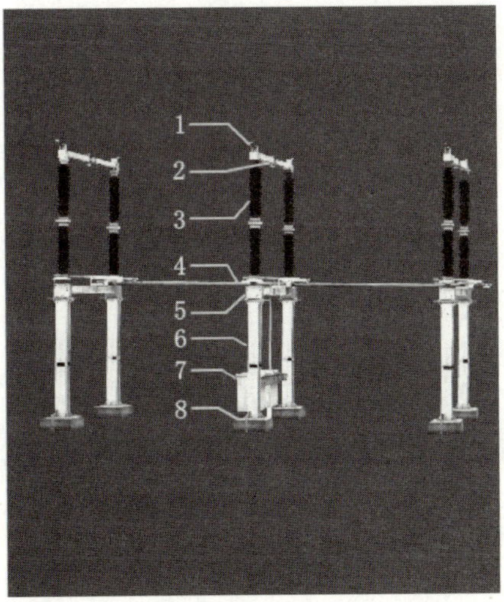

1—接线线夹；2—触头；3—绝缘瓷管；4—传动杆；5—支架；
6—钢柱；7—机构箱；8—底座。

图 1-2-6　隔离开关的结构布局

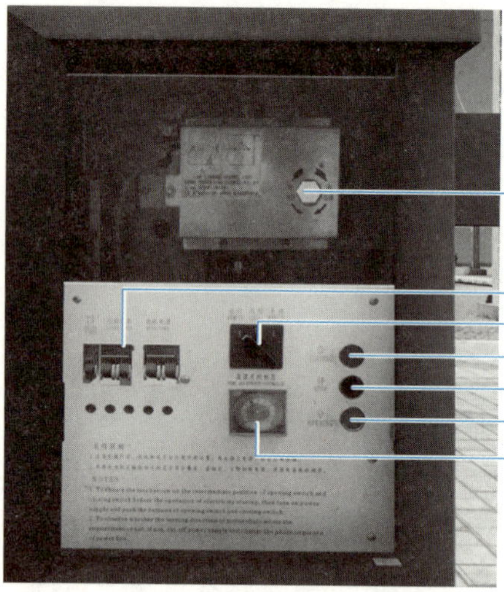

图 1-2-7　隔离开关机构箱内部结构布局

三、实训要求

1. 实训时间

6 个学时。

2. 实训形式

学生自由组成小组，各小组制订实施方案及工作计划。组长协助教师指导本组学生学习，检查实训作业进度和质量，制订改进措施，共同完成项目任务。

3. 实训注意事项

（1）注意爱护实训设备，不得损坏。

（2）电脑只允许打开实训系统，不得进行其他操作。

4. 材料准备

电气主接线图（见附图 1-2-1）、电气总平面图（见附图 1-2-2）、系统使用说明书等。

四、实训作业步骤（见图 1-2-8）

步骤 1　进入三维场景，按说明书指引，熟悉系统基本操作，并完成以下任务：

① 穿戴安全帽、绝缘手套、绝缘鞋。

② 在控制室的钥匙箱中拿取 1011 隔离开关钥匙。

③ 打开位于室外的 1011 隔离开关操作机构箱。

步骤 2　指导教师讲解隔离开关的分类和工作原理。

步骤 3　根据场景和设备模型，了解隔离开关的基本构造。

步骤 4　认识隔离开关代表符号，掌握图纸中隔离开关所在位置，并建立联系。

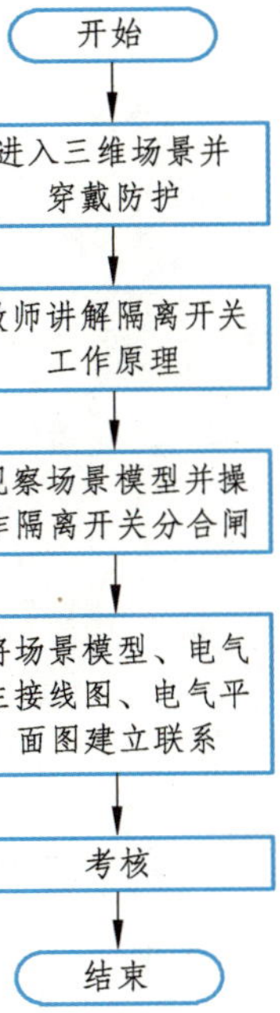

图 1-2-8　实训作业步骤

步骤 5　考核。

① 绘制出隔离开关结构布局图，并标注部件名称。

② 绘制出操作机构箱内部结构布局图，并标注各部分名称。

五、实训考核标准（见表 1-2-1）

表 1-2-1　任务二考核标准

项　目	考核内容及评分标准	配　分	扣分情况
1	1. 以模型为例，绘制出隔离开关的结构布局图，并标出每部分的名称，每错、漏、多一处扣 10 分。 2. 绘制出机构箱内部结构布局图，标出每部分名称，每错、漏、多一处扣 10 分	100	
总　分			

六、思考题

1. 简述隔离开关的工作原理。
2. 隔离开关和断路器最大的区别是什么？

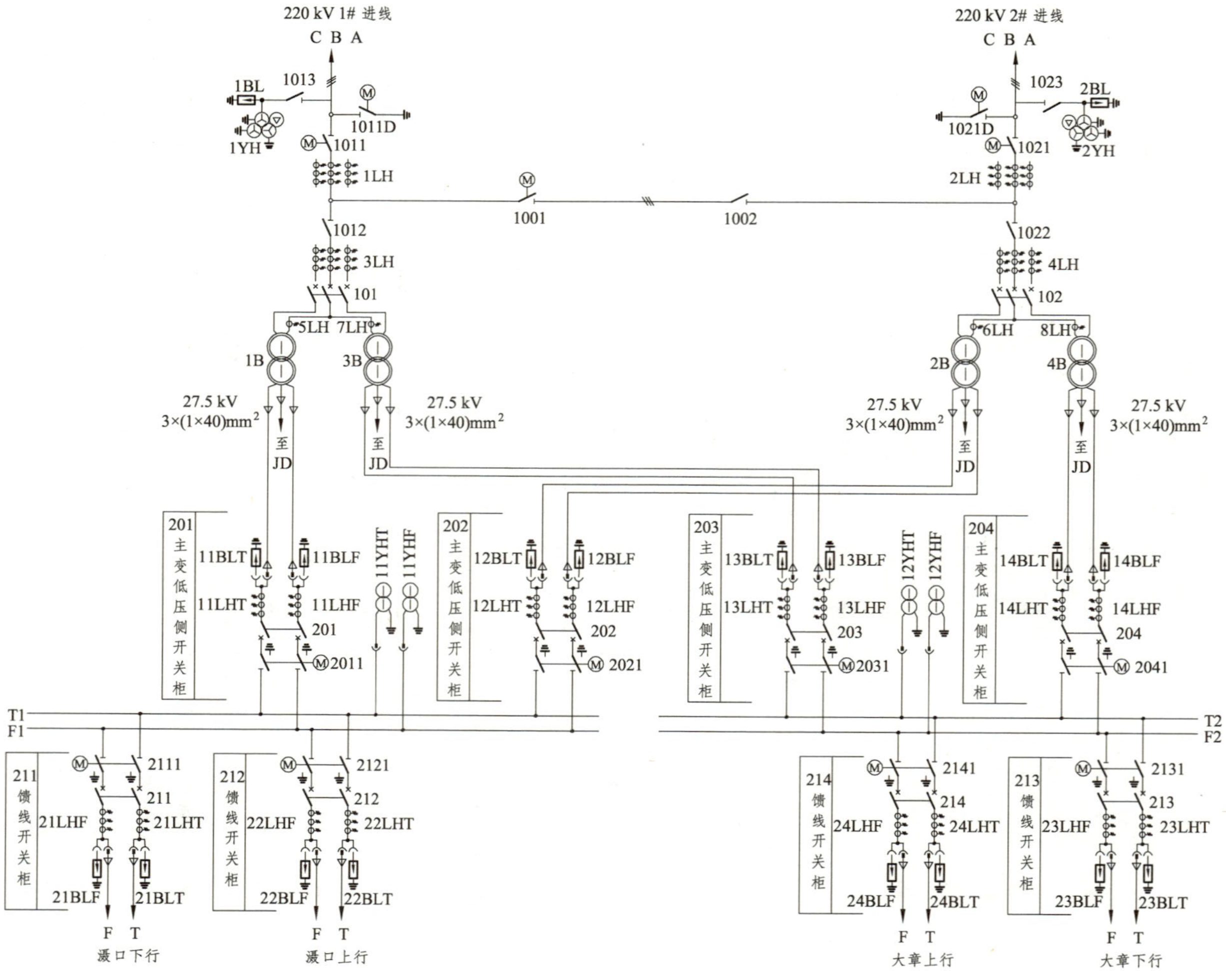

附图 1-2-1　电气主接线图

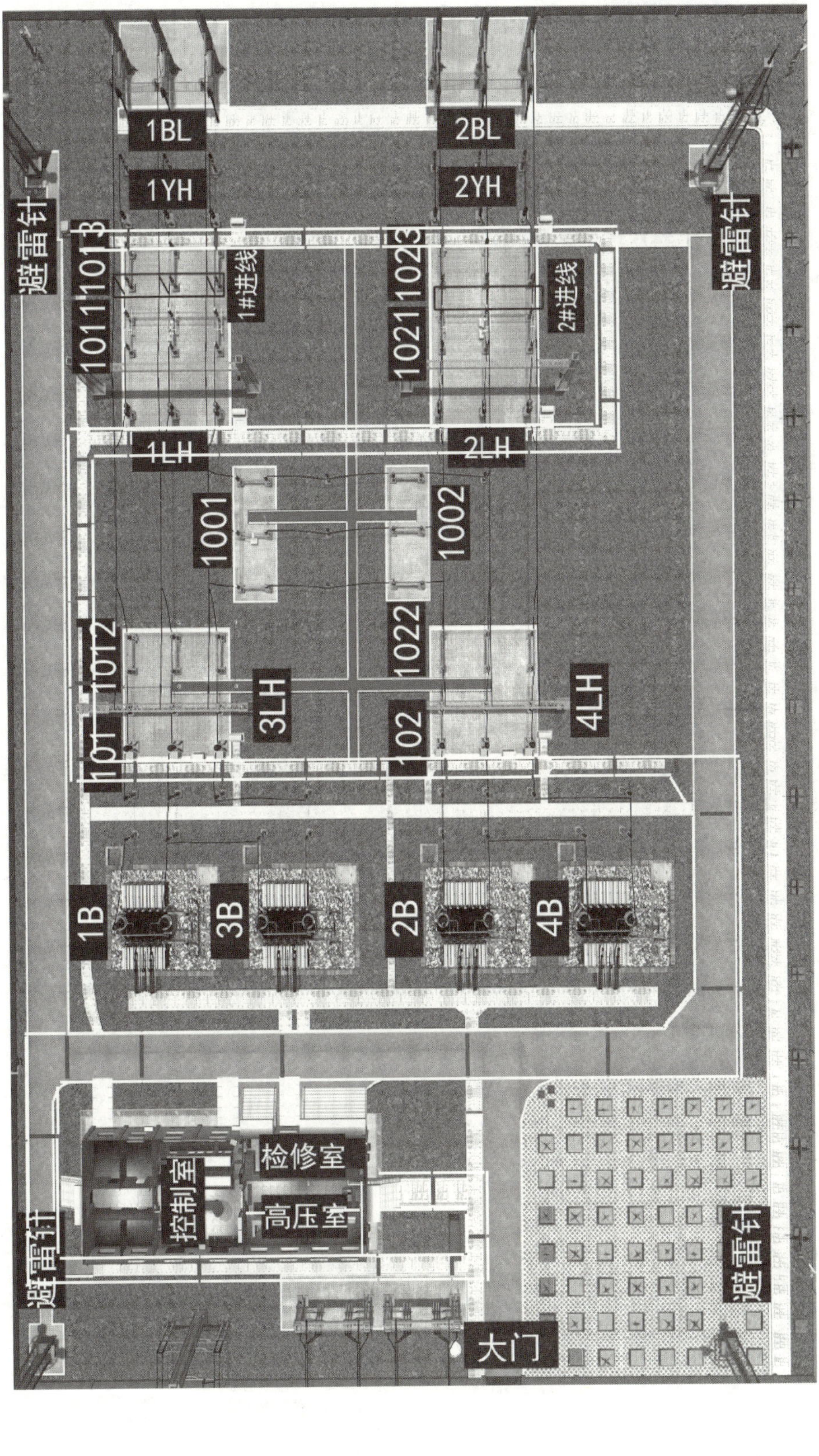

附图 1-2-2　电气总平面图

任务三 认识接地开关的作用及工作原理

一、实训目的

（1）认识接地开关，掌握接地开关的分类。
（2）了解接地开关的工作原理。
（3）熟悉接地开关及机构箱的构造。
（4）能将电气主接线图、电气总平面图、实物三者对应，建立联系。

二、理论链接

1. 功能介绍

接地开关是用于将回路接地的一种机械式开关装置，在异常条件下可在规定时间内承载规定的异常电流；但在正常回路条件下，不要求承载电流。接地开关主要用来为检修工作的安全而供以接地，由于在高压电器使用场所，电磁场在导体上所产生的感应电压极高，即使使用了隔离开关将带电部位进行了隔离，但被检修设备的导体上感应所产生的电压和电流也足对检修人员造成伤害，因此需要用接地开关对被检修的部分进行可靠接地。

接地开关分为检修接地开关和快速接地开关两种。检修接地开关配置在断路器两侧隔离开关旁边，仅起到断路器检修时两侧接地的作用。而快速接地开关配置在出线回路的出线隔离开关靠线路一侧，它有两个作用：一是开合平行架空线路由于静电感应产生的电容电流和因电磁感应产生的电感电流；二是当外壳内部绝缘子出现爬电现象或外壳内部燃弧时，快速接地开关将主回路快速接地，利用断路器来切除故障电流。

2. 种类介绍

按照结构来分，接地开关还可分为直臂式（见图 1-3-1）和折臂式（见图 1-3-2）两种。其中折臂式在超高压、特高压系统中应用较多。

图 1-3-1　直臂式接地开关示意图

图 1-3-2　折臂式接地开关示意图

直臂式结构结构简单，操作简便。

折臂式结构结构紧凑、占地面积小，动作轻巧灵活，附装在水平双柱式隔离开关上，能很好地保证动态接地时的绝缘性能。

3. 接地开关的基本结构

接地开关的基本结构如图 1-3-3 所示。

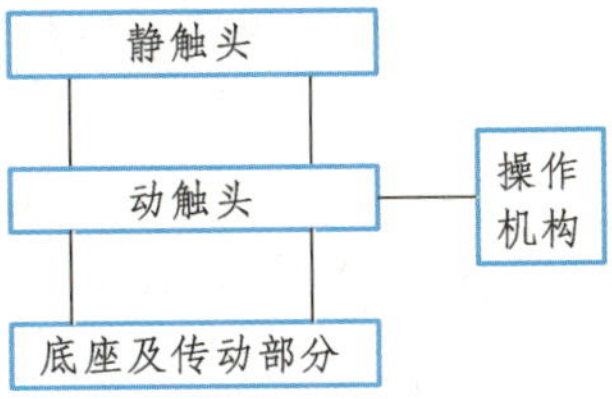

图 1-3-3　接地开关基本结构示意图

接地开关的结构布局如图 1-3-4 所示。

1—静触头；2—动触头；3—传动机构；4—支柱；5—接地开关操作机构；6—底座。

图 1-3-4　接地开关结构布局

三、实训要求

1. 实训时间

6 个学时。

2. 实训形式

学生自由组成小组，各小组制订实施方案及工作计划。组长协助教师指导本组学生学习，检查实训作业进度和质量，制订改进措施，共同完成项目任务。

3. 实训注意事项

（1）注意爱护实训设备，不得损坏。

（2）电脑只允许打开实训系统，不得进行其他操作。

4. 材料准备

电气主接线图（见附图 1-3-1）、电气总平面图（见附图 1-3-2）、系统使用说明书等。

四、实训作业步骤（见图 1-3-5）

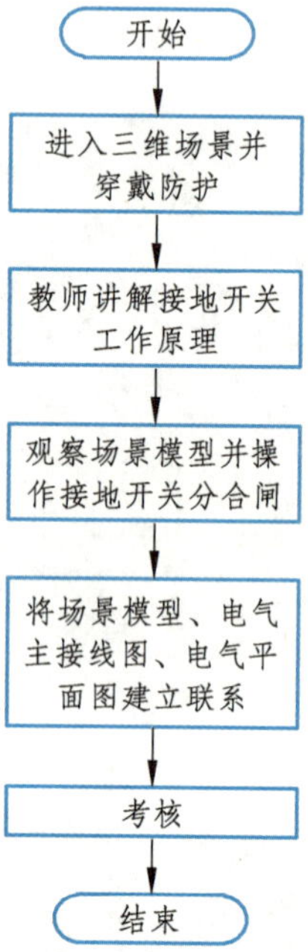

图 1-3-5　实训作业步骤

步骤 1　进入三维场景，按说明书指引，熟悉系统基本操作，并完成以下任务：

① 穿戴安全帽、绝缘手套、绝缘鞋。

② 到室外观察设备状态。

步骤 2　指导教师讲解接地开关的分类和工作原理。

步骤 3　根据场景和设备模型，了解接地开关的基本构造。

步骤 4　认识接地开关代表符号，掌握图纸中接地开关所在位置并建立联系。

步骤 5　考核，绘制出接地开关结构布局图，并标注部件名称。

五、实训考核标准（见表 1-3-1）

表 1-3-1　任务三考核标准

项　目	考核内容及评分标准	配　分	扣分情况
1	以模型为例，绘制出接地开关的结构布局图，并标出每部分的名称，每错、漏、多一处扣 10 分	100	
总　分			

六、思考题

1. 简述接地开关和隔离开关的分合闸顺序。
2. 为什么要使用接地开关，接地开关接的“地”是大地吗?

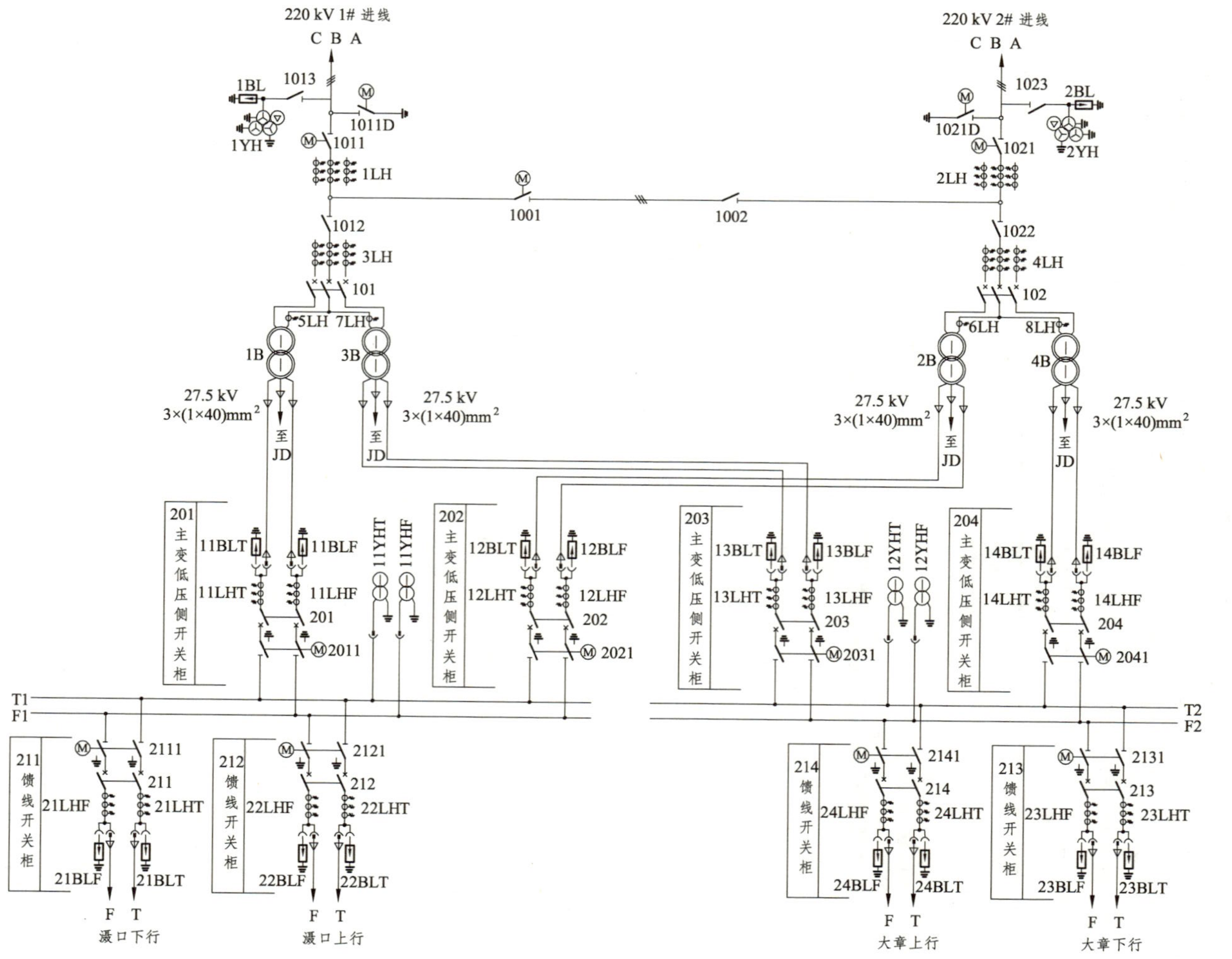

附图 1-3-1 电气主接线图

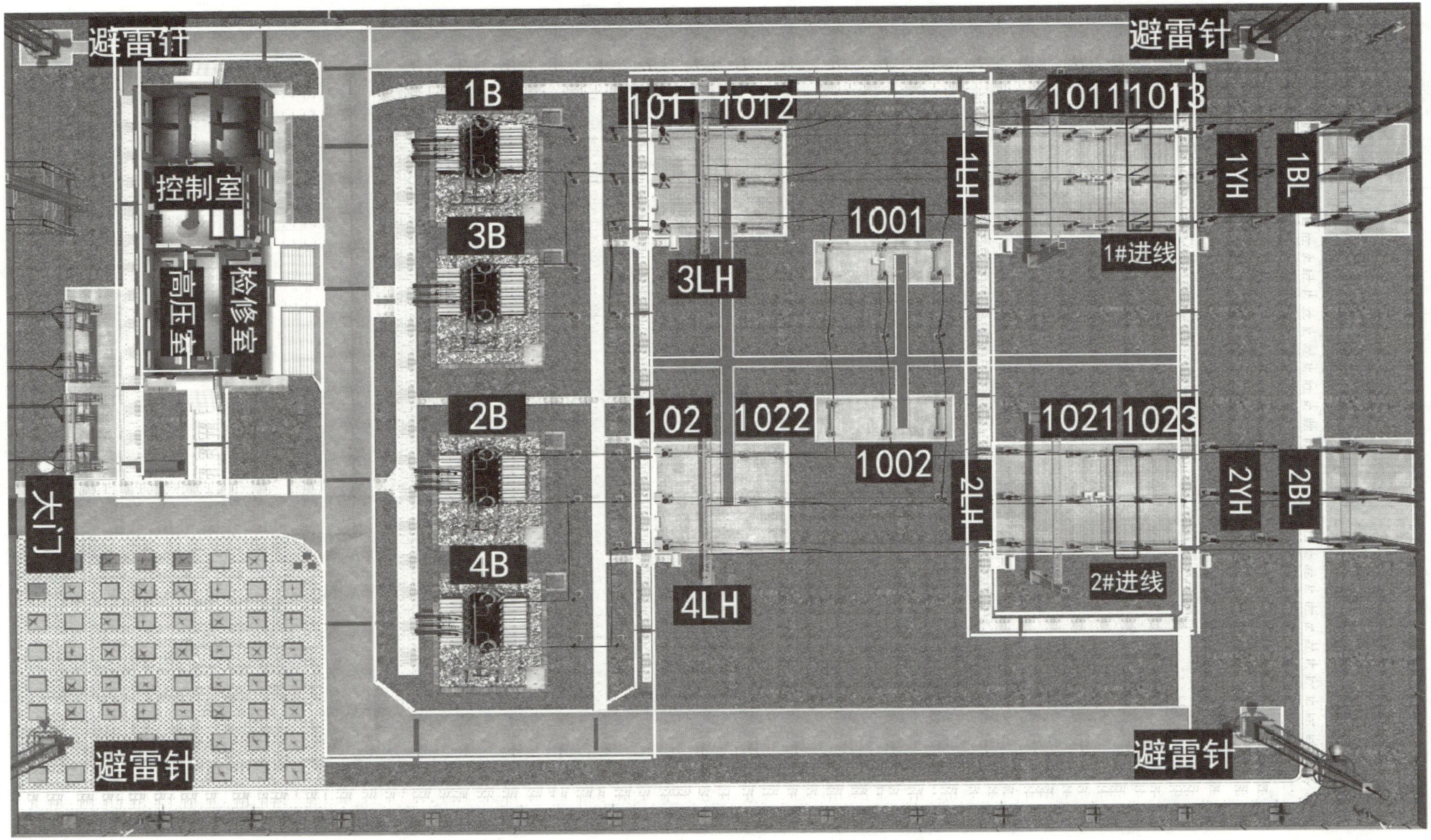

附图 1-3-2　电气总平面图

任务四　认知主接线图与电气总平面图

一、实训目的

（1）掌握主接线图上的元器件作用及对应符号。
（2）能将主接线图和电气总平面图进行对应。
（3）了解牵引变电系统的工作原理。

二、理论链接

1. 功能介绍

电气主接线是指由高压一次设备按一定顺序连接的用于表示接受和分配电能的电路，又称一次接线或主电路。它能反映牵引变电所的基本结构和性能，在运行过程中表明电能的输送和分配关系，同时表明一次设备的运行方式，是实际运行操作的依据。

电气主接线图是表明一次设备相互连接关系和工作原理的电气接线图，简称为主接线图。主接线图一般都用单线图表示，即一根线就代表三相。但在三相不完全相同的位置要用多线图表示。

在主接线图中，使用国标文字及图形符号。而电气设备的状态按正常状态画出，也就是指电路中无电压和外力作用下开关的状态，即断开状态。

牵引供电系统是指铁路从地方电力网或发电厂引入 110 kV（220 kV）电源，通过牵引变电所降压至 27.5 kV 送至电力机车的整个系统，它由地方变电站、110 kV（220 kV）输电线、牵引变电所、27.5 kV 馈电线、接触网、轨回流线、地回流线组成，如图 1-4-1 所示。其中牵引变电所是牵引供电系统的“心脏”，它的主要任务是将地方电力网或发电厂输送来的 110 kV（220 kV）三相交流电变换为 27.5 kV 单相电，然后以单相供电方式经馈电线送至接触网上，接触网沿铁路上空架设，电力机车升弓后便可从其取得电能，用以牵引列车。电压变化由牵引变压器完成，牵引变电所通常设置备用变压器，采用双电源供电，互为备用以提高供电的可靠性。

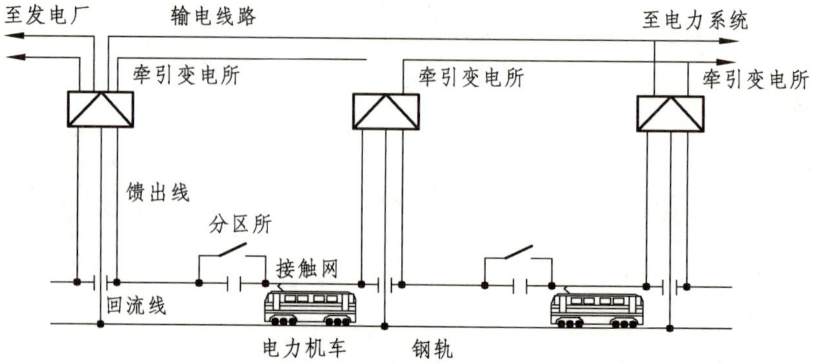

图 1-4-1　牵引供电系统示意图

2. 种类介绍

变电站的电气主接线图主要分为有母线和无母线两类结构。

有母线接线包括单母线接线、单母线分段接线、单母线带旁路接线、双母线接线、双母线带旁路接线；无母线接线包括单元接线、桥型接线、角形接线等。

（1）单母线接线（见图 1-4-2）。

所有电源进线和引出线都连接于同一组母线上。单母线接线适于出线回路少的小型变配电所，一般供三级负荷，两路电源进线的单母线可供二级负荷。

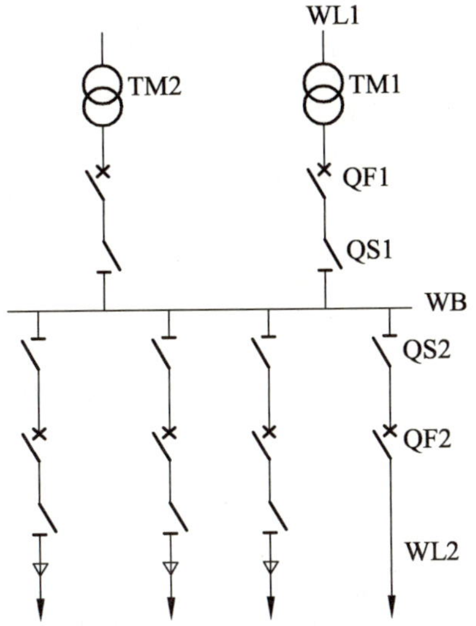

图 1-4-2　单母线接线

单母线接线的优点：

a. 接线简单清晰，操作方便，不易发生误操作，容易实现“五防”；

b. 有利于扩建；

c. 设备少，投资少，占地面积小。

单母线接线的缺点：

a. 供电可靠性差；

b. 灵活性差。

单母线接线的适用范围：适用于 6～220 kV 系统中，只有一台发电机或一台主变压器，且出现回路数不多的中小型发电厂或变电站。

（2）单母线分段接线（见图 1-4-3）。

当在母线中间装设一个断路器后，即把母线分为两段，这样对重要用户可以由分别接在两段母线上的两条线路供电，当任一段母线故障时，都不至于使重要用户全部停电。另外，对两段母线可以分别进行清扫和检修，可以减少对用户停电。

单母线分段接线的优点：

a. 缩小了母线故障（或检修）的停电范围；

b. 运行灵活性有所提高，可以并列运行，也可以分列运行。

单母线分段接线的缺点：

a. 当一段母线或母线隔离开关故障或检修时，该段母线的回路都要在检修期间内停电；

b. 当出线为双回路时，常使架空线路出现交叉跨越。

单母线分段接线的适用范围：适用于中小容量发电厂的6～10 kV接线和6～220 kV的变电站中。

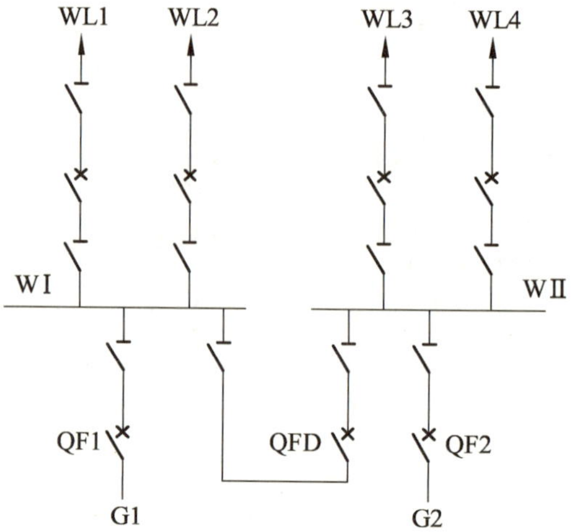

图 1-4-3　单母线分段接线

（3）单母线带旁路接线（见图 1-4-4）。

用断路器把母线分段后，对重要用户可以从不同段引出两个回路，由两个电源供电。当一段母线发生故障时，分段断路器自动将故障段切除，保证正常段母线不间断供电。

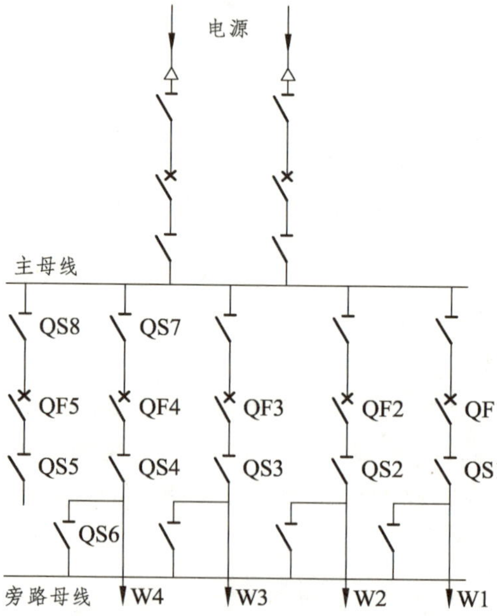

图 1-4-4　单母线带旁路接线

单母线带旁路接线的优点：线路断路器检修时，该线路可以不停电，通过旁路断路器供电，提高了供电可靠性。

单母线带旁路接线的缺点：增加了许多设备，造价高，运行操作复杂。

单母线带旁路接线的适用范围：随着电网越来越坚强，重要的用户经常为双回路供电，所以带旁路的接线用的比较少，一般只有在出现断路器不允许停电检修的情况下才设置旁路母线。

（4）双母线接线（见图 1-4-5）。

双母线接线其中一组为工作母线，一组为备用母线，并通过母联断路器并联运行。

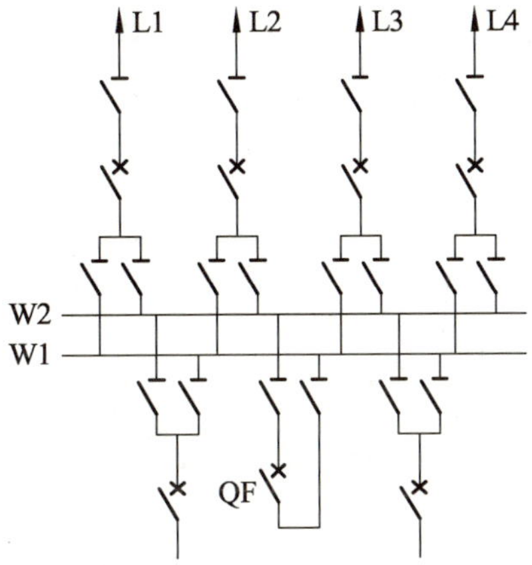

图 1-4-5　双母线接线

双母线接线的优点：

a. 供电可靠，通过两组母线隔离开关的倒换操作，可以轮流检修一组母线而不致使供电中断。

b. 调度灵活，各个电源和各回路负荷可以任意分配到某一组母线上，能灵活适应系统中各种运行方式调度。

c. 扩建方便，向双母线的左右任何一个方向扩建，均不影响两组母线的电源和负荷均匀分配。

双母线接线的缺点：

a. 增加了许多设备，造价高，运行操作复杂；

b. 隔离开关作为倒换操作电器，容易发生误操作。

双母线接线的适用范围：

a. 35 ~ 60 kV 出线回路超过 8 回；

b. 110 ~ 220 kV 出线回路数为 5 回及以上。

（5）双母线带旁路接线（见图 1-4-6）。

双母线带旁路母线接线是采用固定连接方式，即双母线同时运行的方式，将工作线、电源线和出线通过一台断路器和两组隔离开关连接到两组母线上，在双母线接线的基础上，增设旁路母线分段断路器的一种接线方法。

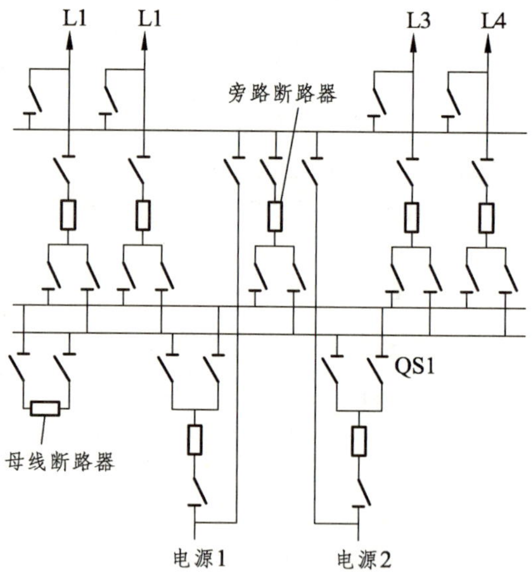

图 1-4-6　双母线带旁路接线

双母线带旁路接线的优点：

a. 供电可靠，可以实现不停电检修任一线路断路器。

b. 调度灵活，各个电源和各回路负荷可以任意分配到某一组母线上，能灵活适应系统中各种运行方式调度。

c. 扩建方便，向双母线的左右任何一个方向扩建，均不影响两组母线的电源和负荷均匀分配。

双母线带旁路接线的缺点：

a. 增加了许多设备，造价高，运行操作复杂；

b. 旁路倒换复杂，容易发生误操作。

双母线带旁路接线的适用范围：一般为了节省断路器及设备间隔，当出线达到 5 个回路以上时，才增设专用的旁路断路器。

（6）单元接线（见图 1-4-7）。

发电机与变压器直接连接成一个单元，组成发电机-变压器组。

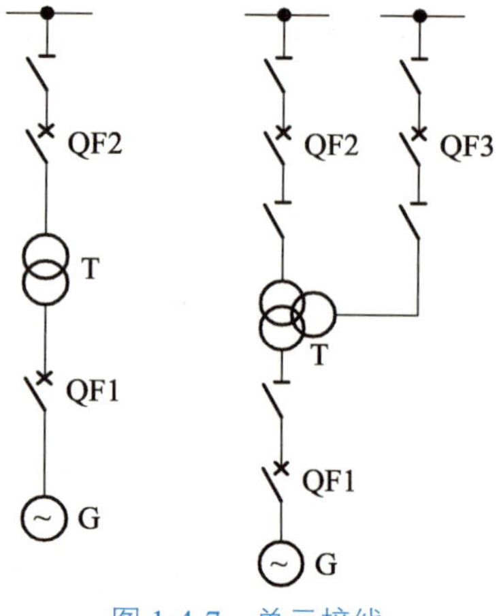

图 1-4-7　单元接线

单元接线的优点：接线简单，设备最少，不需要高压配电装置。

单元接线的缺点：

a. 线路故障或检修时，变压器停运；

b. 变压器故障或检修时，线路停运。

单元接线的适用范围：

a. 只有一台变压器和一回线路时；

b. 当发电厂不设高压配电装置，直接将电能送至系统枢纽变电所时。

（7）桥形接线（见图 1-4-8）。

桥形接线是由一台断路器和两组隔离开关组成连接桥，将两回变压器-线路组横向连接起来的电气主接线。桥形接线可分为内桥接线和外桥接线两种接线方式。桥电路连接在变压器出口隔离开关内侧（靠近变压器）的称为内桥接线；桥电路连接在线路出口处隔离开关的外部一侧（靠近进线）的称为外桥接线。

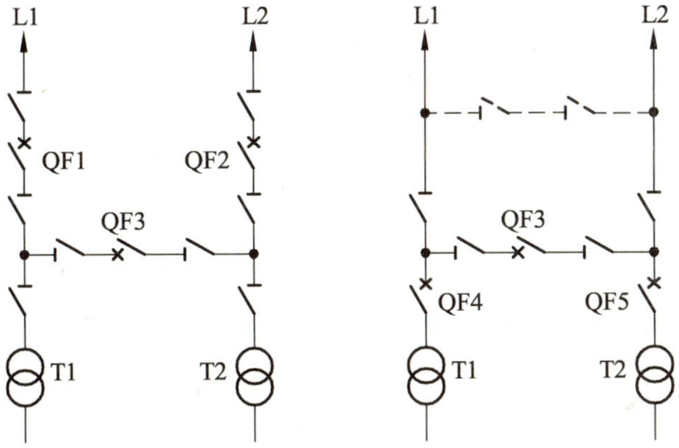

（a）内桥　　（b）外桥

图 1-4-8　桥型接线

优点：内桥接线简单，开关设备少，操作简单。

缺点：

a. 内桥变压器故障需停线路；

b. 外桥线路故障需停变压器。

适用范围：

a. 内桥适合线路长，并且变压器不经常切换时；

b. 外桥适合线路较短，变压器投切次数较多时。

（8）角形接线（见图 1-4-9）。

多角形接线就是将断路器和隔离开关相互连接，且每一台断路器两侧都有隔离开关，由隔离开关之间送出回路一种电气主接线的连接方式。

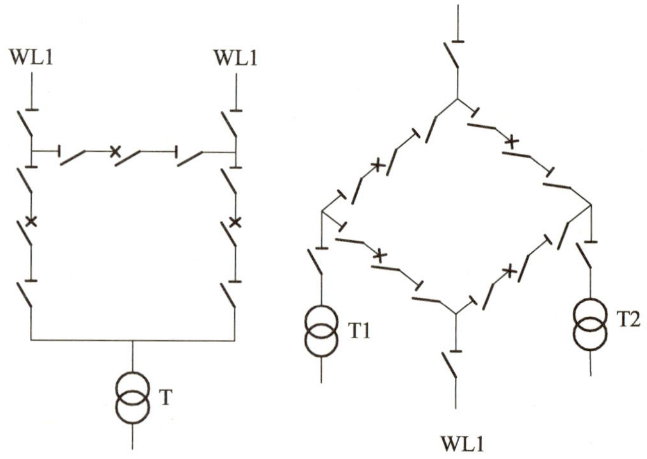

图 1-4-9 角形接线

优点：

a. 投资少，无母线，一回出现故障可用一台断路器；

b. 可靠性高，任一断路器检修都不会造成停电。

缺点：

a. 不利于扩建；

b. 断路器检修造成开环，可靠性降低；

c. 断路器检修开环后，潮流变化大，继电保护整定复杂。

适用范围：适用于最终进出线为 3～5 回的 110 kV 及以上电压等级的配电装置，且以不超过六角形为宜。

模拟盘主接线图如图 1-4-10 所示。

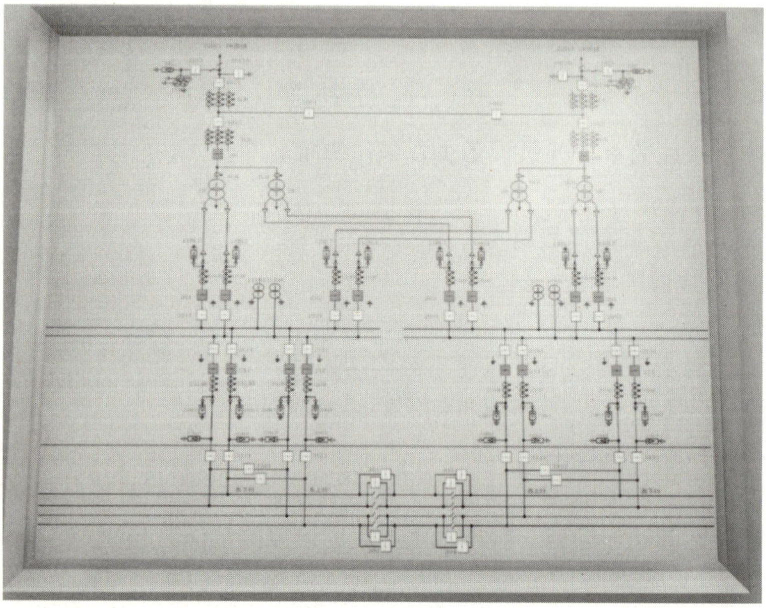

图 1-4-10 模拟盘主接线图

三、实训要求

1. 实训时间

6 个学时。

2. 实训形式

学生自由组成小组，各小组制订实施方案及工作计划。组长协助教师指导本组学生学习，检查实训作业进度和质量，制订改进措施，共同完成项目任务。

3. 实训注意事项

（1）注意爱护实训设备，不得损坏。

（2）电脑只允许打开实训系统，不得进行其他操作。

4. 材料准备

电气主接线图、电气总平面图、系统使用说明书等。

四、实训作业步骤（见图 1-4-11）

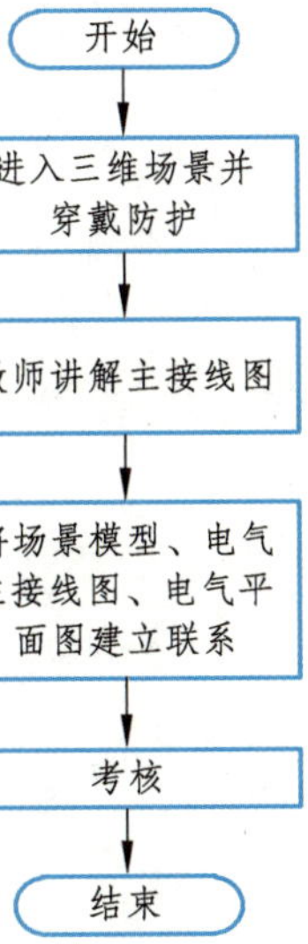

图 1-4-11 实训作业步骤

步骤 1 进入三维场景，按说明书指引，熟悉系统基本操作，并完成以下任务：

① 穿戴安全帽、绝缘鞋。

② 在控制室的模拟盘上观察主接线图，尝试将其与室外一次设备进行对应。

步骤 2 指导教师对主接线图进行讲解。

步骤 3 根据场景和设备模型，将总平面图和场景模型对应起来。

步骤 4 考核。

① 将附图 1-4-1 中给定的电气主接线补充图空缺的部分编号和设备补全。

② 将附图 1-4-3 所示电气总平面补充图中空缺的部分编号补全。
③ 在电气总平面图中标注一次主接线图的接线方式。

五、实训考核标准（见表 1-4-1）

表 1-4-1　任务四考核标准

项　目	考核内容及评分标准	配　分	扣分情况
1	将给定的电气主接线补充图空缺的部分编号和设备补全，按照完整高铁变电所两进四出双母线电气主接线图标准，包含 220 kV 进线、27.5 kV 馈线以及 3 相断路器、隔离开关、变压器、各线路中电压互感器、电流互感器等设备	50	
2	将电气总平面补充图中空缺的部分编号补全，每错、漏、多一处扣 5 分	30	
3	在电气总平面图中标注一次主接线图的接线方式	20	
总　分			

六、思考题

1. 电气主接线有哪些作用？
2. 电气主接线图的分类有哪些？

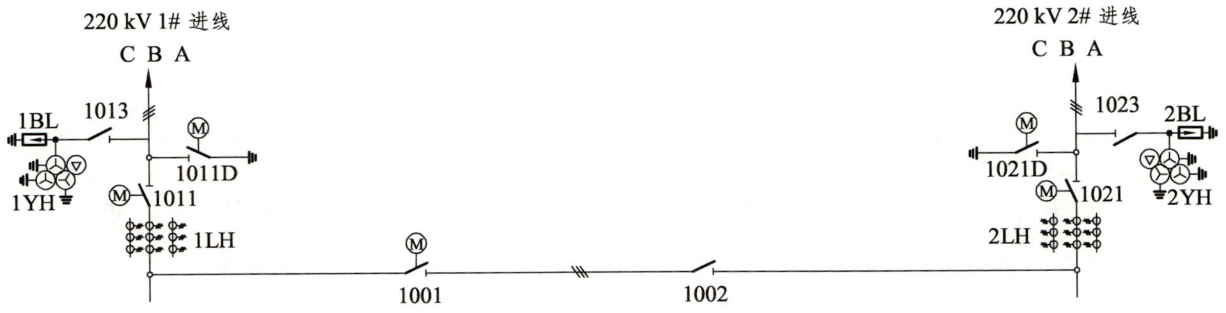

附图 1-4-1　电气主接线补充图

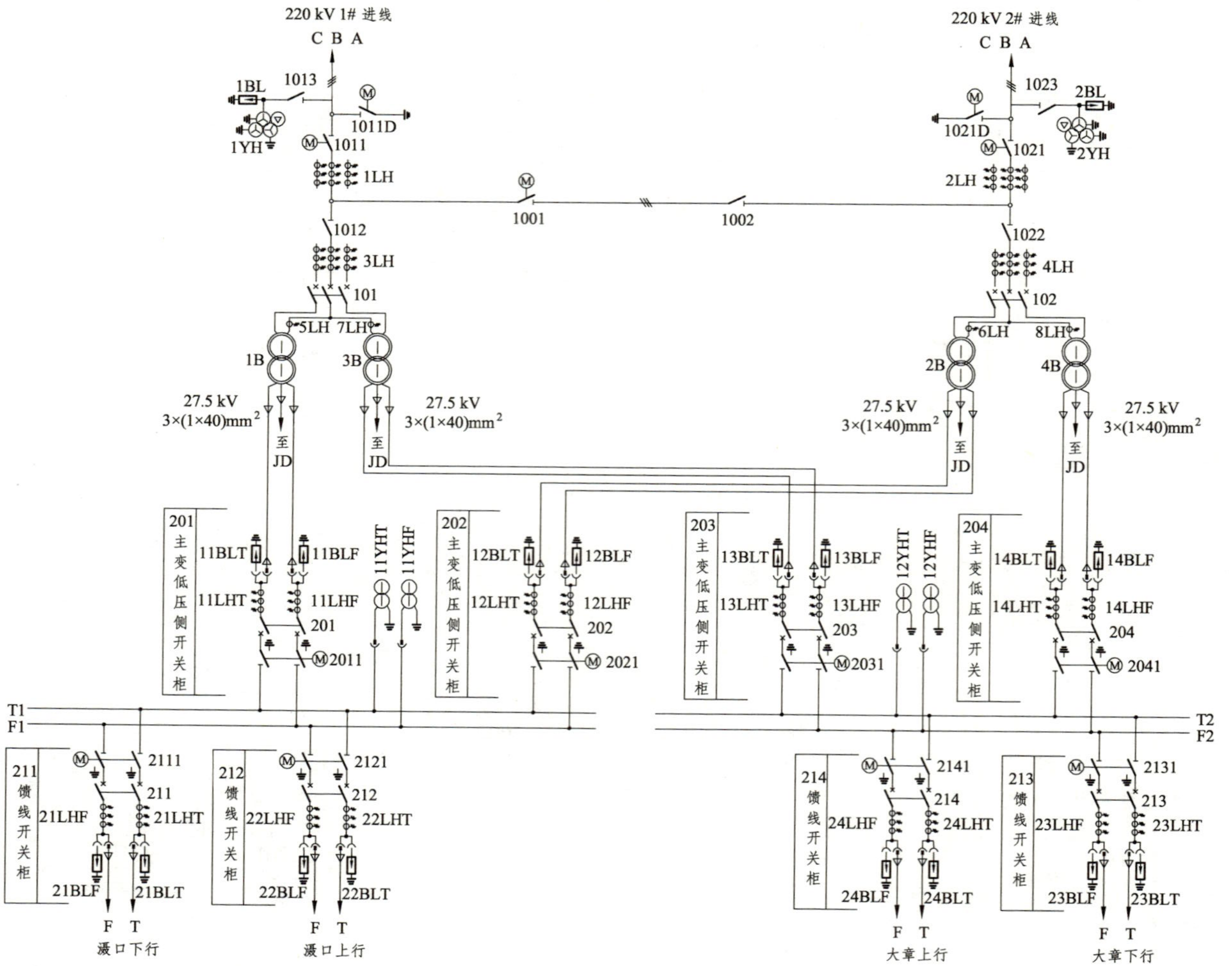

附图 1-4-2 电气主接线参考图

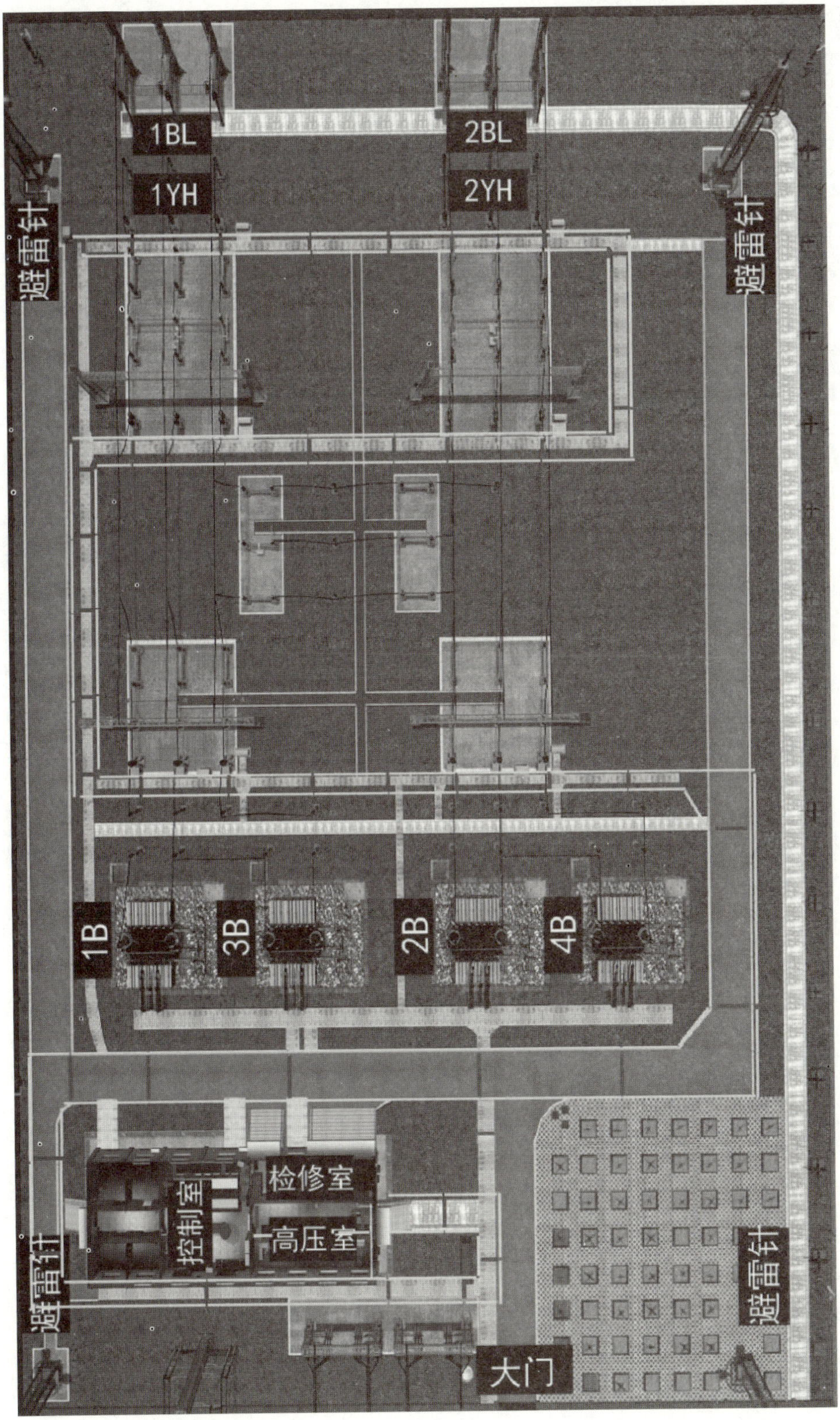

附图 1-4-3　电气总平面补充图

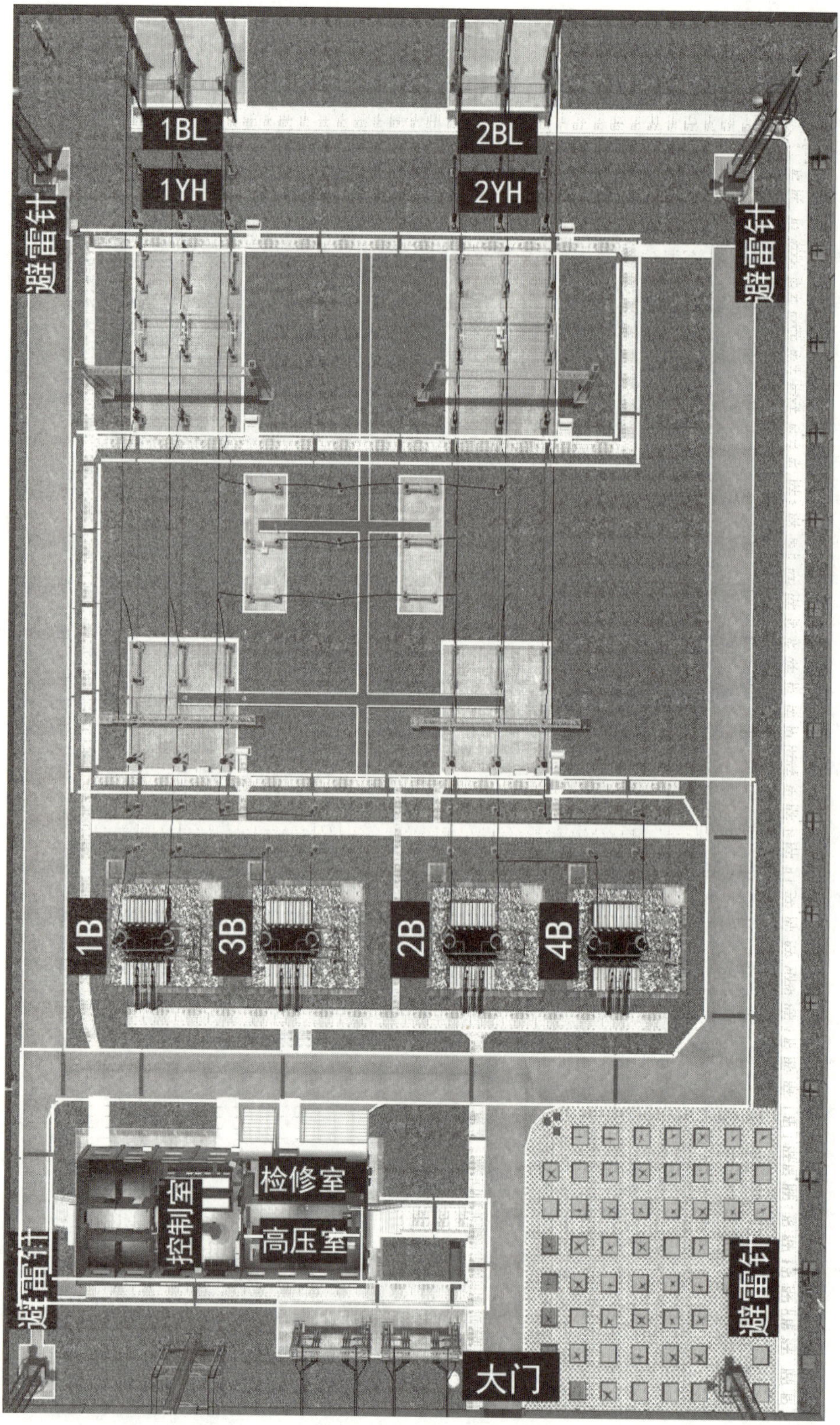

附图 1-4-4　电气总平面图参考图

任务五　保护测控屏设备认知

一、实训目的

（1）认识保护测控屏设备。
（2）了解二次设备与一次设备的联系。

二、理论链接

1. 功能介绍

一次设备是指直接用于生产、转换和输送电能的高压设备，包括变压器、断路器、隔离开关、互感器等。

二次设备是指对一次设备进行测量、控制、监视和保护用的低压设备。二次设备主要包括测量仪表、继电保护及自动装置、直流设备、控制和信号设备及其控制电缆、绝缘监察装置等。

2. 种类介绍

变电所保护测控屏分为主变保护测控屏（见图 1-5-1）和馈线保护测控屏（见图 1-5-2），其主要功能是为站内各高压设备提供智能化和网络化的测量、保护、控制功能，同时与上级主站进行实时通信，实现变电站的综合自动化。

三、实训要求

1. 实训时间

6 个学时。

2. 实训形式

学生自由组成小组，各小组制订实施方案及工作计划。组长协助教师指导本组学生学习，检查实训作业进度和质量，制订改进措施，共同完成项目任务。

3. 实训注意事项

（1）注意爱护实训设备，不得损坏。
（2）电脑只允许打开实训系统，不得进行其他操作。

4. 材料准备

系统使用说明书。

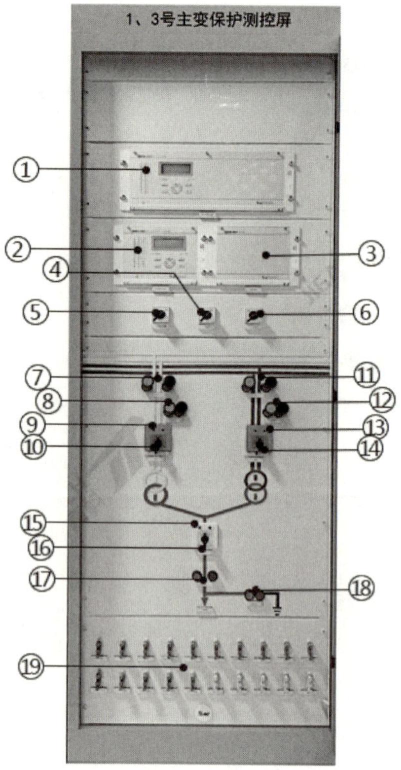

图 1-5-1　主变保护测控屏

1	综合测控装置
2	主变保护装置
3	操作箱
4	101/201/2011/2011D 远方-当地
5	主变保护装置远方-当地
6	203/2031/2031D/1011/1011D 远方-当地
7	2011 隔离开关分闸/合闸
8	2011D 接地开关分闸/合闸
9	201 断路器分/合闸指示灯
10	201 断路器分合控制开关
11	2031 隔离开关分闸/合闸
12	2031D 接地开关分闸/合闸
13	203 断路器分/合闸指示灯
14	203 断路器分合控制开关
15	101 断路器分/合闸指示灯
16	101 断路器分合控制开关
17	1011 隔离开关分闸/合闸
18	1011D 接地开关分闸/合闸
19	连片

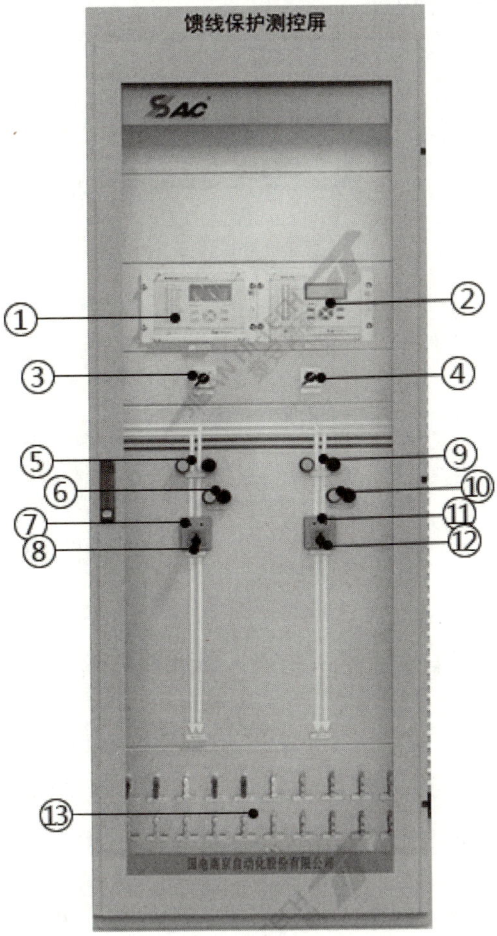

图 1-5-2　馈线保护测控屏

1	211 馈线保护测控装置
2	212 馈线保护测控装置
3	211 远方-当地
4	212 远方-当地
5	2111 接地开关分闸/合闸
6	2111D 隔离开关分闸/合闸
7	211 断路器分/合闸指示灯
8	211 断路器分合控制开关
9	2121 接地开关分闸/合闸
10	2121D 隔离开关分闸/合闸
11	212 断路器分/合闸指示灯
12	212 断路器分合控制开关
13	连片

四、实训作业步骤（见图 1-5-3）

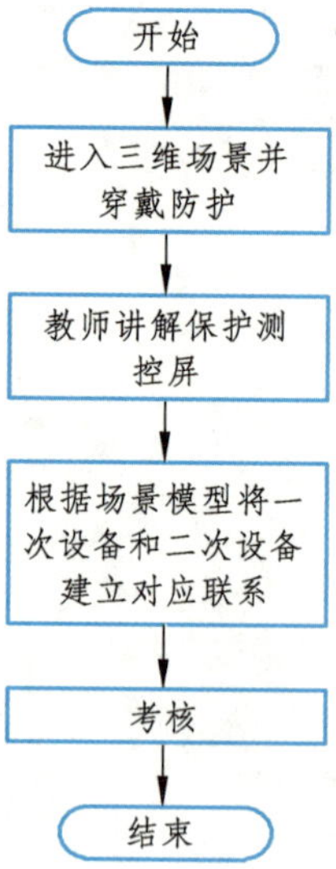

图 1-5-3　实训作业步骤

步骤 1　进入三维场景，按说明书指引，熟悉系统基本操作，并完成以下任务：

① 穿戴安全帽、绝缘鞋。

② 观察控制室保护测控屏上的设备，与室外一次设备进行对应。

步骤 2　指导教师对保护测控屏进行讲解，介绍设备功能。

步骤 3　根据场景和设备模型，将一次设备和二次设备对应起来。

步骤 4　考核：

① 绘制出主变保护测控屏平面结构图，标注各部分名称。

② 根据测控屏上的设备状态完成相应一次原理图绘制。

五、实训考核标准（见表 1-5-1）

表 1-5-1　任务五考核标准

项　目	考核内容及评分标准	配　分	扣分情况
1	以场景 1，3 号主变保护测控屏为例，画出其平面图，并标注各部分名称，每错、漏、多一处扣 5 分	30	
2	根据测控屏上的设备状态，完成电路连接，每错、漏、多一处扣 5 分	70	
总　分			

六、思考题

1. 简述保护测控屏的功能。
2. 保护测控屏是如何控制一次设备的？

任务六　设备闭锁关系

一、实训目的

（1）了解二次设备与一次设备的联系。
（2）掌握设备之间的闭锁关系。

二、理论链接

1. 功能介绍

对电气设备而言，所谓的闭锁充当的就是保险丝的功能。闭锁又分为自锁和互锁（即联锁）。自锁是指通过自身的辅助触点来启动线圈，保持合闸通路，一般是对本身回路的控制。而互锁是指用自己的触点接入到其他回路中，来闭锁其他回路的动作，从而达到控制目的。

2. 种类介绍

常规防误闭锁方式主要有4种：机械闭锁、程序锁、电气联锁、电磁锁。

机械闭锁是在开关柜或户外闸刀的操作部位之间用互相制约和联动的机械机构来达到先后动作的闭锁要求。机械闭锁在操作过程中无需使用钥匙等辅助操作，可以实现随操作顺序的正确进行，自动地步步解锁。在发生误操作时，可以实现自动闭锁，阻止误操作的进行。机械闭锁可以实现正向和反向的闭锁要求，具有闭锁直观、不易损坏、检修工作量小、操作方便等优点。

按照有关规定，凡有可能引起误操作的高压电气设备，均应装设防误装置和相应的防误电气闭锁回路。在实际生产现场的防误闭锁装置主要实现五防功能：

（1）防止误分、误合断路器。（只有操作指令与操作设备对应才能对被操作设备操作。）

（2）防止带负荷分、合隔离开关。（负荷开关合闸状态不能操作隔离开关。）

（3）防止带电挂（合）接地线（接地开关）；（只有在断路器分闸状态，才能操作隔离开关或手车才能从工作位置退至试验位置，才能合上接地开关。）

（4）防止带接地线（接地开关）合断路器（隔离开关）。（只有当接地开关处于分闸状态，才能合隔离开关或手车才能进至工作位置，才能操作断路器、负荷开关闭合。）

（5）防止误入带电室。（只有隔室不带电时，才能开门进入隔室。）

三、实训要求

1. 实训时间

6个学时。

2. 实训形式

学生自由组成小组，各小组制订实施方案及工作计划。组长协助教师指导本组学生学习，检查实训作业进度和质量，制订改进措施，共同完成项目任务。

3. 实训注意事项

（1）注意爱护实训设备，不得损坏。

（2）电脑只允许打开实训系统，不得进行其他操作。

4. 材料准备

系统使用说明书。

四、实训作业步骤（见图 1-6-1）

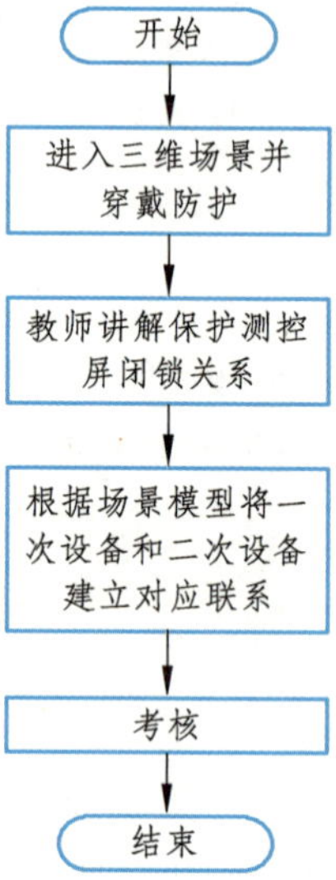

图 1-6-1　实训作业步骤

步骤 1　进入三维场景，按说明书指引，熟悉系统基本操作，并完成以下任务：

① 穿戴安全帽、绝缘鞋。

② 观察控制室保护测控屏上的设备，与室外一次设备进行对应。

③ 操作保护测控屏上的设备，观察设备之间的闭锁关系。

步骤 2　指导教师对保护测控屏进行讲解，介绍设备及回路的闭锁关系。

步骤 3　根据场景和设备模型，将一次设备和二次设备对应起来。

步骤 4　考核：

① 写出 1/3 号主变保护测控屏开关设备闭锁关系。

② 写出 1 号馈线保护测控屏开关设备闭锁关系。

五、实训考核标准（见表 1-6-1）

表 1-6-1　任务六考核标准

项　目	考核内容及评分标准	配　分	扣分情况
1	写出 1/3 号主变保护测控屏开关设备闭锁关系，每错、漏、多一处扣 5 分	70	
2	写出 1 号馈线保护测控屏开关设备闭锁关系，每错、漏、多一处扣 5 分	30	
总　分			

六、思考题

1. 简述闭锁关系的功能。
2. 请简要概述电气“五防”是指哪些。

任务七 标准化倒闸作业

一、实训目的

（1）掌握标准化倒闸作业流程。
（2）掌握标准化倒闸作业流程术语。
（3）掌握操作票书写标准。
（4）学会操作票的编写。

二、理论链接

倒闸就是将电气设备由一种状态转变为另一种状态的过程，而对其所进行的操作就是倒闸操作。

电气设备有四种运行状态：运行、热备用、冷备用、检修。

运行：设备的断路器和隔离开关都在合闸位置，接地开关在分闸位置。

热备用：设备的隔离开关在合闸位置，断路器和接地开关在分闸位置。

冷备用：设备的隔离开关、断路器和接地开关均在分闸位置。没有做安全措施，设备处于完好状态，随时可以投入运行。

检修：设备的断路器和隔离开关都在分闸位置，接地开关在合闸位置，并按安规和检修要求做好安全措施。

操作票是指在电力系统中进行电气操作的书面依据，包括调度指令票和变电操作票。

操作票的内容包括操作票编号、操作任务、操作顺序、发令人、受令人、操作人、监护人、操作时间等。

倒闸操作应由操作人员填写操作票，操作票票面应清楚整洁，不得任意涂改。每张操作票只能填写一个操作任务。

三、实训要求

1. 实训时间

6 个学时。

2. 实训形式

学生自由组成小组，各小组制订实施方案，完成操作票的填写。组长协助教师指导本组学生学习，检查实训作业进度和质量，制订改进措施，共同完成项目任务。

3. 实训注意事项

（1）注意爱护实训设备，不得损坏。

（2）计算机只允许打开实训系统，不得进行其他操作。

4. 材料准备

系统使用说明书。

四、实训作业步骤（见图 1-7-1）

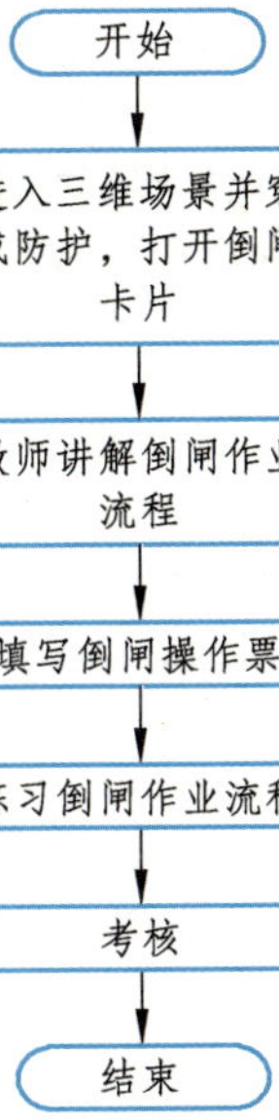

图 1-7-1　实训作业步骤

步骤 1　进入三维场景，按说明书指引，熟悉系统基本操作，并完成以下任务：

（1）穿戴安全帽、绝缘鞋。

（2）拿取倒闸卡片和倒闸作业记录，依次查看各个倒闸卡片信息，初步认识倒闸作业流程。

（3）熟悉变电所布局，能在高压室找到对应断路器分合闸标志。

步骤 2　指导教师对倒闸作业标准化流程进行讲解，并讲解操作票书写标准。

步骤 3　根据倒闸卡片提示完成操作票的编写。

步骤 4　根据说明书指引进行倒闸作业，熟悉倒闸作业流程。

步骤 5　考核。

（1）倒闸操作票编写。

（2）系统随机给出倒闸任务，按流程完成作业。

五、实训考核标准（见表 1-7-1）

表 1-7-1　任务七考核标准

项　目	考核内容及评分标准	配　分	扣分情况
1	根据倒闸任务填写操作票内容，根据设备操作顺序，错一步或少一步扣 5 分，对内容涂改的，一处扣 1 分，未按照设备操作顺序填写的，扣 30 分	30	
2	根据系统给出的任务进行作业，由计算机进行评分	70	
总　分			

六、思考题

1. 简述倒闸作业的流程。
2. 送电合闸的顺序是什么？

任务八　标准化巡视作业

一、实训目的

（1）掌握标准化巡视作业流程。
（2）掌握标准化巡视作业流程术语。
（3）熟悉巡视设备构造及组成。
（4）熟悉巡视线路。

二、理论链接

巡视检查方法分为四类：

1. 目测法

目测法就是值班人员用肉眼对运行设备可见部位的外观变化进行观察来发现设备的异常现象，如变色、变形、位移、破裂、松动、打火冒烟、渗油漏油、断股断线、闪络痕迹、异物搭挂、腐蚀污秽等都可以通过目测法检查出来。因此，目测法是设备巡查最常用的方法之一。

2. 耳听法

变电站的一、二次电磁式设备（如变压器、互感器、继电器、接触器等），正常运行通过交流电后，其绕组铁芯会发出均匀节律和一定响度的“嗡、嗡”声。运行值班人员应该熟悉掌握声音的特点，当设备出现故障时，会夹着杂音，甚至有“劈啪”的放电声，可以通过正常时和异常时的音律、音量的变化来判断设备故障的发生和性质。

3. 鼻嗅法

电气设备的绝缘材料一旦过热，会使周围的空气产生一种异味。这种异味对正常巡查人员来说是可以嗅别出来的。当正常巡查中嗅到这种异味时，应仔细巡查观察、发现过热的设备与部位，直至查明原因。

4. 手触法

对带电的高压设备，如运行中的变压器、消弧线圈的中性点接地装置，禁止使用手触法测试。对不带电且外壳可靠接地的设备，检查其温度或温升时需要用手触试检查。二次设备发热、振动等可以用手触法检查。

巡视检查时，不得进行其他工作（严禁进行电气工作），不得移开或越过遮栏。

发现设备缺陷及异常时，及时汇报，采取相应措施。严禁不符合巡视要求的人员进行巡视。

三、实训要求

1. 实训时间

6 个学时。

2. 实训形式

学生自由组成小组，各小组制订实施方案及工作计划。组长协助教师指导本组学生学习，检查实训作业进度和质量，制订改进措施，共同完成项目任务。

3. 实训注意事项

（1）注意爱护实训设备，不得损坏。

（2）电脑只允许打开实训系统，不得进行其他操作。

4. 材料准备

系统使用说明书、路线巡视图等。

四、实训作业步骤（见图 1-8-1）

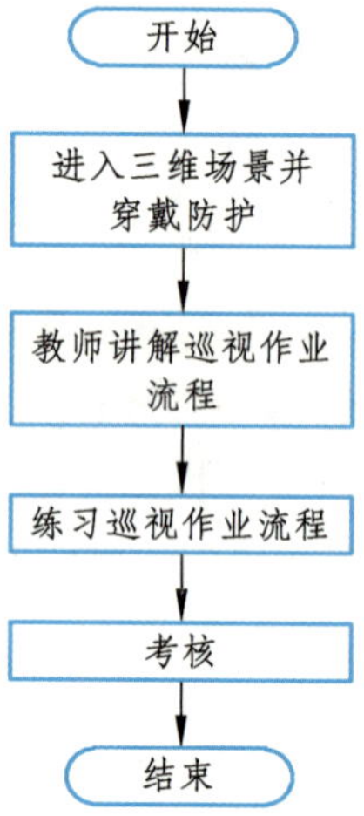

图 1-8-1　实训作业步骤

步骤 1　进入三维场景，按说明书指引，熟悉系统基本操作，并完成以下任务：

（1）穿戴安全帽、绝缘鞋。

（2）对室外的一次设备进行熟悉，了解其基本构造。

（3）按照标准化巡视路线进行多次巡视，熟记路线。

步骤 2　指导教师对巡视作业标准化流程进行讲解。

步骤 3　根据说明书指引进行巡视作业，熟悉巡视作业流程，并了解巡视设备构造及组成。

步骤 4　考核。

系统给出巡视断路器任务，按流程完成作业。

五、实训考核标准

表 1-8-1　任务八考核标准

项　目	考核内容及评分标准	配　分	扣分情况
1	按照流程完成巡视作业，具体分值按系统最终得分评判	100	
总　分			

六、思考题

1. 巡视变压器应巡视哪些部分，请简要概述。
2. 室外一次设备的巡视路线的顺序是什么？请在巡视图上标注。

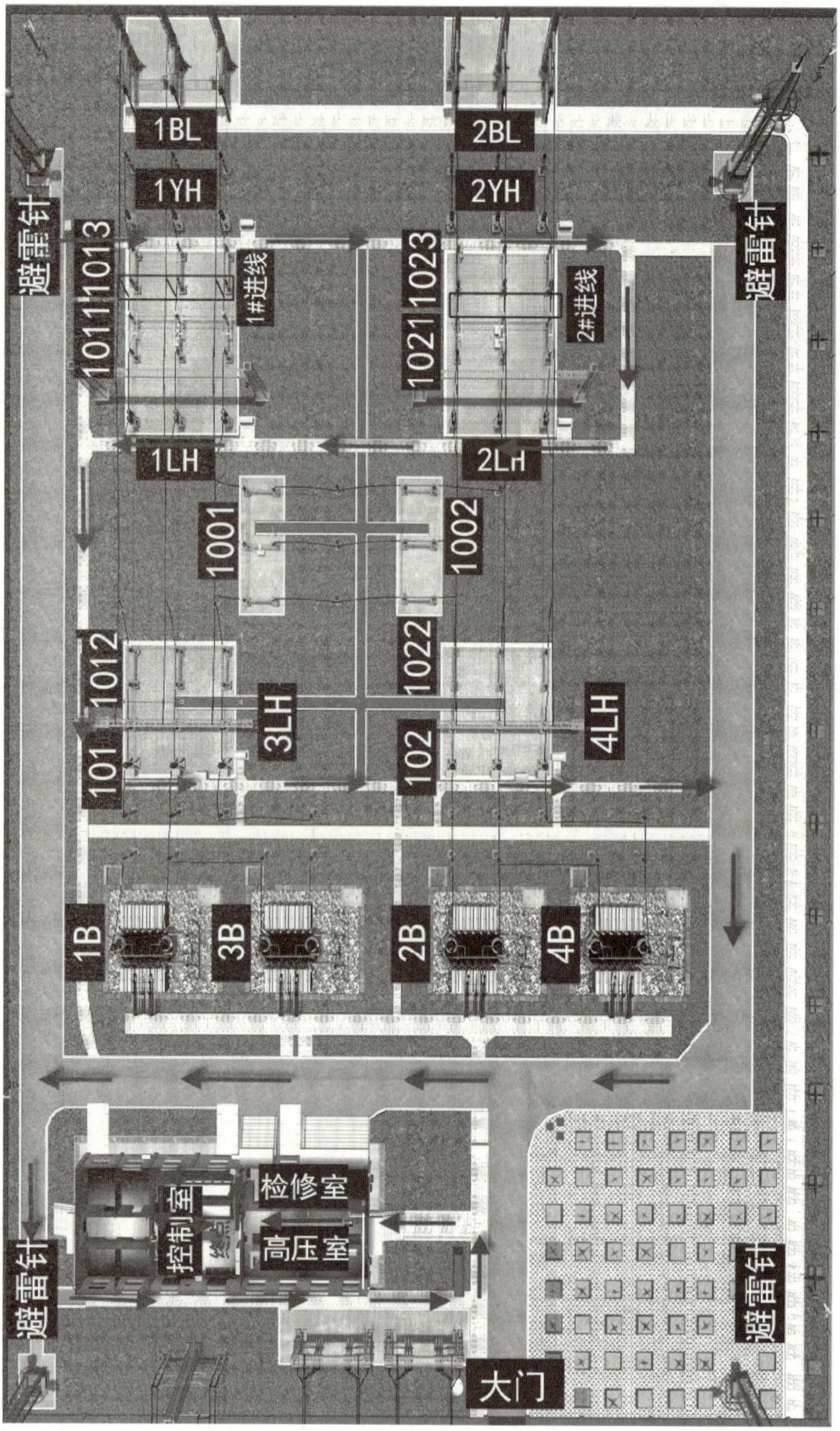
1BL
2BL
1YH
2YH
避雷针
1011
1013
1#进线
1021
1023
2#进线
1LH
2LH
1001
1002
1012
1022
3LH
4LH
101
102
1B
3B
2B
4B
检修室
控制室
高压室
避雷针
避雷针
避雷针
大门

附图 1-8-1 巡视路线图

项目二 设备工作原理及故障排查分析处理

任务一 保护测控屏工作原理与电量类故障排查

一、实训目的

（1）了解保护范围及工作原理。

（2）了解电量类故障分类及工作原理。

（3）学会使用保护装置查看故障报文。

（4）掌握保护定值的查询、修改。

二、理论链接

1. 功能介绍

保护测控屏主要应用在输配、变（配）电站，为站内各高压设备提供智能化的测量、保护功能，实现变压器的差动保护、高低后备保护的测量与控制以及非电量保护。它主要由变压器差动保护装置、后备保护装置、非电量保护及操作箱装置以及一些开关元件等组成，用于变压器的保护与控制。

（1）主变差动保护，主要功能为变压器比率差动保护和差动速断保护。主要保护变压器内部故障，当变压器内部出现匝间短路、相间短路时，比率差动保护动作。

（2）主变后备保护，主要范围是变压器出线及以外加大区域，常见的保护功能有三段式过流保护、零序电流保护、过负荷保护等。它与变压器高压侧后备保护装置构成了变压器的后备保护。当主保护由于某种原因拒动时，后备保护动作。

（3）主变非电量保护指的是瓦斯、温度、压力保护等。主要作用是在出现重瓦斯、温度过高、温度过低、压力过大的情况下，能讯速切除故障，防止事故的扩大化。

（4）主变测控装置，主要检测变压器的数据，控制变压器的断路器分合闸等功能。

（5）馈线保护，主要实现变电所、开闭所及分区所的馈线保护、测量及控制功能。主要有电流速断保护、过电流保护、电流增量保护、失压保护等保护功能。

2. 变电所四遥

（1）遥测：远程测量，采集并传送运行参数，包括各种电气量（线路上的电压、电流、功率等量值）和负荷潮流等，被测量为模拟量。

（2）遥信：远程信号，采集并传送各种保护和开关量信息给调度。

（3）遥控：远程控制，接收并执行遥控命令，主要是分合闸，对远程的一些开关控制设备进行远程控制，为开关量输出。

（4）遥调：远程调节，接受并执行遥调命令，对远程的控制量设备进行远程调试，如调节发电机输出功率，为模拟量输出。

3. 使用方法（见表 2-1-1）

主要保护装置键盘如图 2-1-1 所示，各按键功能见表 2-1-1。

图 2-1-1 主变保护装置键盘

表 2-1-1 装置按键功能表

序号	项目	功能
1	上、下、左、右键	上、下、左、右键只在本层界面内改变显示内容，上、下、左、右键都可用于增减数字、上下移动光标和移动显示信息，在多页显示时，左、右键还可用于翻页
2	“确认”和“取消”键	“确认”键可以确认当前修改或者执行当前选择，“取消”键退出某项菜单或取消当前修改，各层界面之间的切换也要通过“确认”键和“返回”键完成。 装置上电后，显示主界面，按“确认”键进入一级菜单界面，此时再按“确认”键可进入二级菜单界面；此时，按“返回”键退回一级菜单界面，再按“返回”键退至主界面
3	“复归”键	复归键要长按才有效
4	“+”键	数值增加功能
5	“−”键	数值减小功能

三、实训要求

1. 实训时间

6 个学时。

2. 实训形式

学生自由组成小组，各小组制订实施方案及工作计划。组长协助教师指导本组学生学习，检查实训作业进度和质量，制订改进措施，共同完成项目任务。

3. 实训注意事项

（1）注意爱护实训设备，不得损坏。

（2）电脑只允许打开实训系统，不得进行其他操作。

（3）未经老师允许，不得擅动设备。

4. 材料准备

二次回路原理图、系统使用说明书等。

四、实训作业步骤（见图 2-1-1）

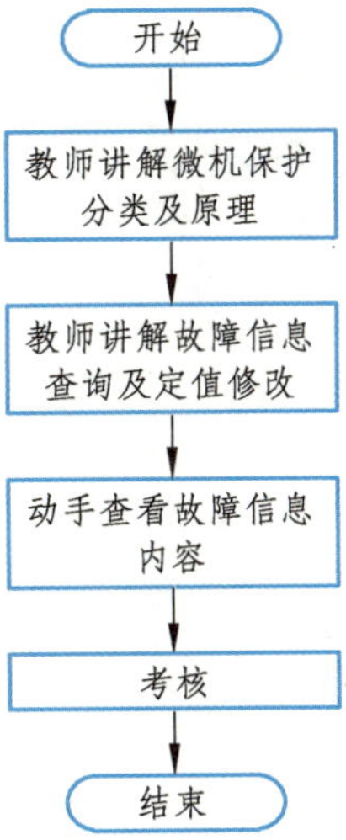

图 2-1-1　实训作业步骤

步骤 1　指导教师讲解电量类故障分类及工作原理。

步骤 2　指导教师演示查看故障报文的方法及如何查询、修改保护定值。

步骤 3　学生分组并完成以下任务：

（1）查看任意一条故障报文全部信息。

（2）进入保护定值界面查看定值。

步骤 4　考核：

（1）随机触发故障，查看故障报文，找到故障原因并记录，完成系统对应题目并提交答案。

（2）给出三条定值名称，在 2 min 内找到具体数值并记录。

五、实训考核标准

表 2-1-2　任务一考核标准

项　目	考核内容及评分标准	配　分	扣分情况
1	按系统评分自动记录分数	15	
2	1. 故障原因未记录或数值错误，扣 20 分。 2. 查看保护定值，每超 10 s 扣 10 分。 3. 保护定值数值、单位记录错误，每错一处扣 10 分	85	
总　分			

六、思考题

1. 四遥指的是什么功能？请简要概述。
2. 电量类故障处理的标准流程是什么？

任务二 二次回路分类及工作原理

一、实训目的

（1）掌握二次回路图的分类。

（2）了解断路器的控制原理图。

（3）能自行分析出隔离开关的控制原理。

二、理论链接

1. 功能介绍

二次回路是指用来控制、指示、监测和保护一次电路运行的电路。二次回路按功能可分为控制回路、信号回路、保护回路、监测回路、自动装置回路和操作电源回路等。

二次回路图主要有二次回路原理图、二次回路原理展开图、二次回路安装接线图。二次回路原理图主要用来表示继电保护、断路器控制、信号等回路的工作原理。原理展开图则是将二次回路中的交流回路与直流回路分开来画。

二次回路安装接线图画出了二次回路中各设备的安装位置及控制电缆和二次回路的连接方式，是现场施工安装、维护必不可少的图纸。

原理图或原理展开图通常是按功能电路（如控制回路、保护回路、信号回路）来绘制的，而安装接线图是按设备（如开关柜、继电器屏、信号屏）为对象绘制的。

在识读展开图时，应首先根据展开图或右侧的文字说明了解各回路的性质，然后从左到右、从上到下逐个回路看通。

有时性质不同的支路是交错画在一起的，识图时要抓住主要矛盾，找到相关的部分，同时查找与该部分相关联的其他支路，进行电路分析。

因为展开图是按电路作用分类表示的，所以某些元件的各部分可能分布在不同的图纸上，一个完整内容的电路起始至终也可能在不同的图中，给识图带来很多困难。因此，在识读二次展开图时，先应大概了解本电路的功能及与之相关的电路，这样才便于看图时相互联系。

2. 原理分析

下面以图 2-2-1 所示的 211 馈线二次回路原理图为例进行分析。

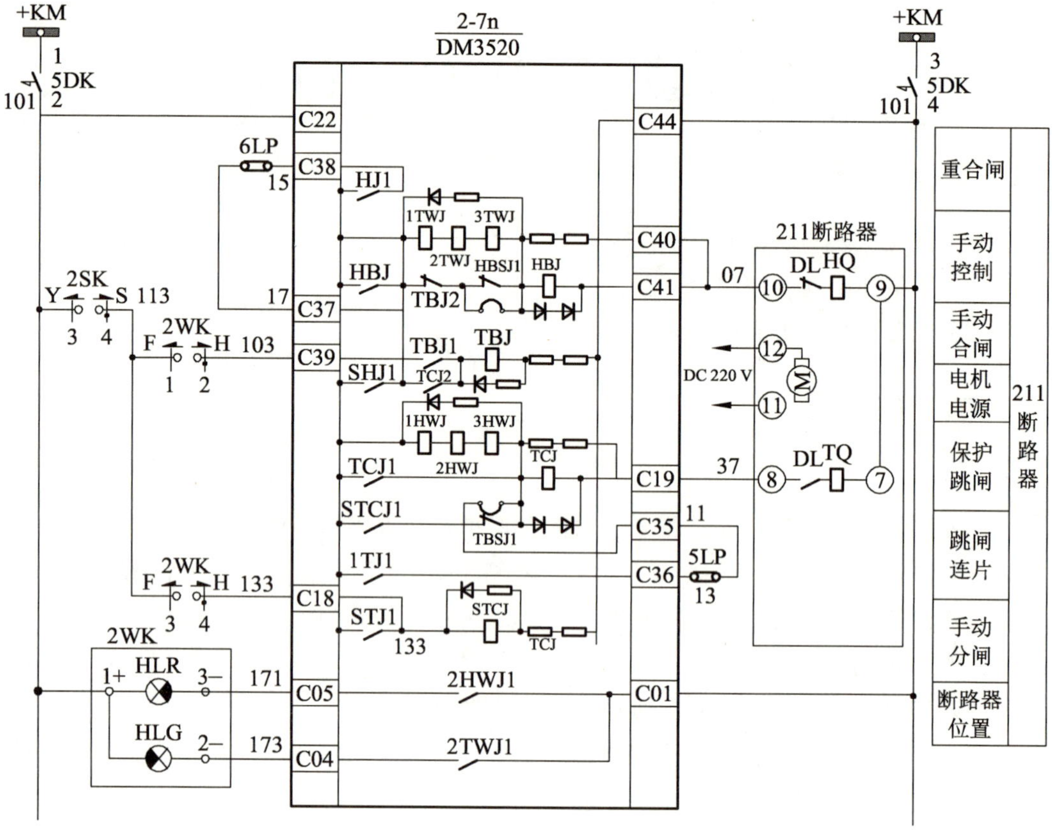

图 2-2-1　211 馈线二次回路原理图

手动合闸回路：+KM→ 5DK1、2（空气开关）→ 2SK3、4（远方当地开关）→2WK1、2→C39（装置接点）→TBJ2（常闭接点）→HBSJ1（常闭节点）→HBJ（线圈）→C41（装置接点）→DL（断路器辅开常闭接点）→HQ（合圈）→5DK3、4→-KM。

其中 HBJ（合闸保持继电器）线圈受电，HBJ 常开接点闭合，实现自保持，接通合闸回路，防止 WK1、2 接点抖动、振动，造成 HQ 无法受电：+KM→ 5DK1、2→C22→HBJ（常开接点）→TBJ2（常闭接点）→HBSJ1（常闭接点）→HBJ（线圈）→C41（装置接点）→DL（辅开常闭接点）→HQ（合圈）→5DK3、4→-KM。HQ 受电，使断路器合闸。断路器合后，其辅开常闭接点断开，切断手动合闸回路，所以即使 WK 接点仍接通，HQ 也不会受电，从而避免 HQ 因长时间受电，造成烧损而影响断路器合闸。

三、实训要求

1. 实训时间

6 个学时。

2. 实训形式

学生自由组成小组，各小组制订实施方案及工作计划。组长协助教师指导本组学生学习，检查实训作业进度和质量，制订改进措施，共同完成项目任务。

3. 实训注意事项

（1）注意爱护实训设备，不得损坏。

（2）电脑只允许打开实训系统，不得进行其他操作。

（3）未经老师允许，不得擅动设备。

4. 材料准备

二次回路原理图、系统使用说明书等。

四、实训作业步骤（见图 2-2-2）

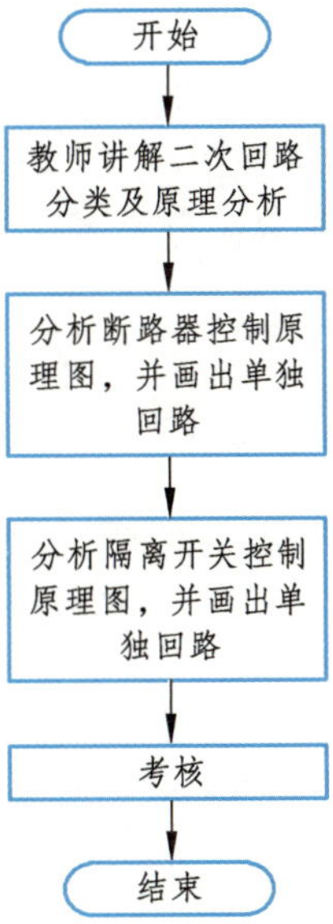

图 2-2-2　实训作业步骤

步骤 1　指导教师讲解二次回路的分类，并以断路器为例，对断路器的控制原理图进行分析。

步骤 2　学生分组讨论并完成以下任务：

（1）分析断路器的控制原理图，能将每条回路单独罗列出来。

（2）分析隔离开关的控制原理图，并尝试分析出与断路器的联锁逻辑。

步骤 3　考核：

（1）绘制出断路器控制原理图的每条回路，并标注回路名称。

（2）绘制出隔离开关控制原理图的每条回路，并标注回路名称。

五、实训考核标准

表 2-2-1　任务二考核标准

项　目	考核内容及评分标准	配　分	扣分情况
1	1. 绘制出断路器控制原理图中的全部回路，每少一条扣 10 分。 2. 未标注回路名称，每少一处扣 5 分	50	
2	1. 绘制出隔离开关控制原理图中的全部回路，每少一条扣 10 分。 2. 未标注回路名称，每少一处扣 5 分	50	
总　分			

六、思考题

1. 控制原理图一般包括哪些功能回路？

2. HQ、TQ 代表什么设备，它们什么时候会闭合分开，两者的逻辑关系如何？

任务三 保护测控屏端子排认知

一、实训目的

（1）了解端子排的作用。

（2）能看懂并分析端子排接线图。

（3）可以将端子排图与实物进行对应。

（4）掌握相对编号法。

二、理论链接

1. 功能介绍

端子排，意为承载多个或多组相互绝缘的端子组件并用于固定支持件的绝缘部件。端子排的作用就是将屏内设备和屏外设备的线路相连接，起到信号（电流电压）传输的作用。如屏内二次设备正电源的引线和电流回路的定期检修，都需要端子来实现，许多端子组成在一起称为端子排。表示端子排内各端子与外部设备之间导线连接的图称为端子排接线图，也称为端子排图。

2. 种类介绍

接线端子可以分为插拔式接线端子系列、栅栏式接线端子系列、弹簧式接线端子系列、轨道式接线端子系列、穿墙式接线端子系列等。

插拔式接线端子（见图 2-3-1）由两部分插拔连接而成，一部分将线压紧，然后插到另一部分，这部分再焊接到 PCB 板上。这样的防振动设计确保了产品长期的气密连接和成品的使用可靠性。

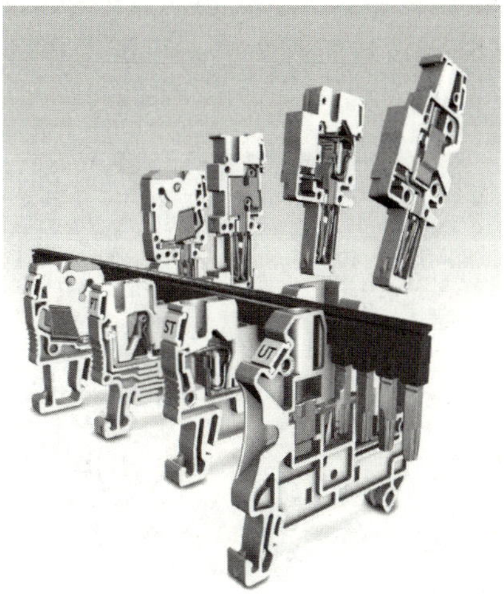

图 2-3-1 插拔式接线端子

栅栏式接线端子（见图 2-3-2）能够实现安全、可靠、有效的连接，特别是在大电流，高电压的使用环境中应用比较广泛。

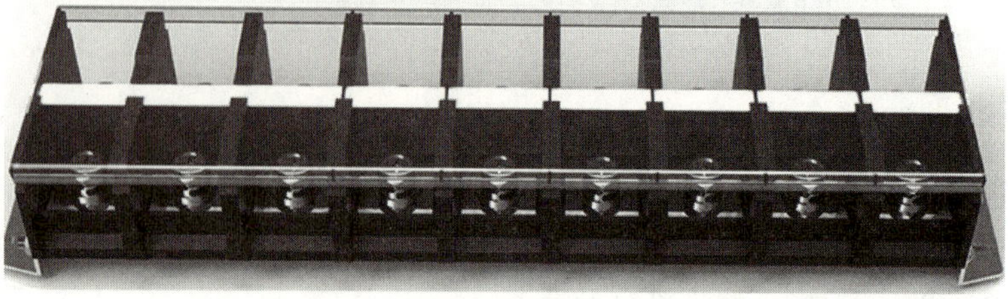

图 2-3-2　栅栏式接线端子

弹簧式接线端子（见图 2-3-3）是利用弹簧性装置的新型接线端子，已广泛应用于世界电工和电子工程工业，如照明、电梯升降控制、仪器仪表、电源、化学和汽车动力等。

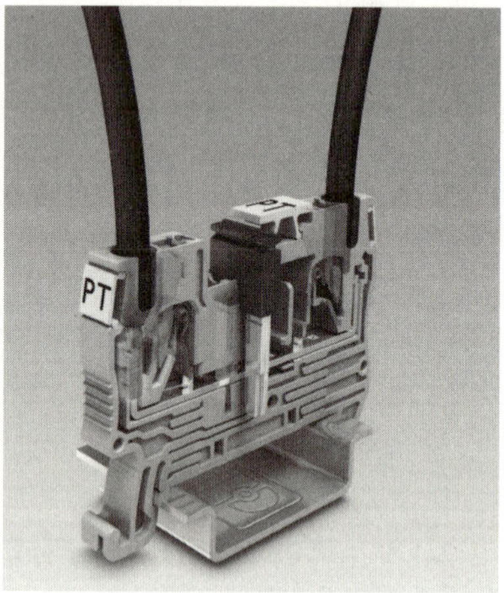

图 2-3-3　弹簧式接线端子

轨道式接线端子（见图 2-3-4）采用压线和独特的螺纹自锁设计，使得接线连接可靠、安全。该系列接线端子外观设计美观大方，可配用多种附件，如短路片、标识条、挡板等。

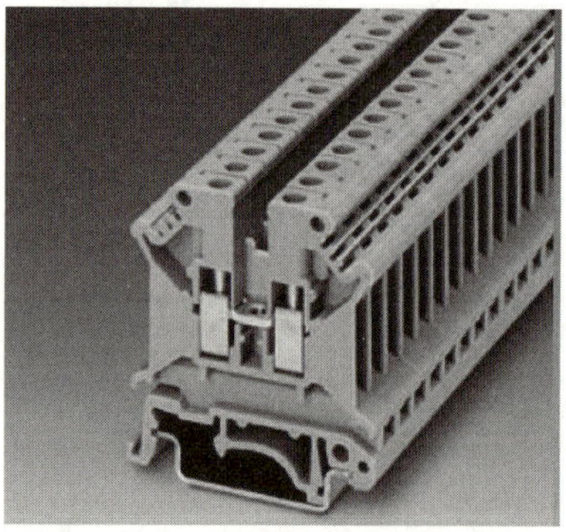

图 2-3-4　轨道式接线端子

穿墙式接线端子（见图 2-3-5）采用螺钉连接技术，绝缘材料为 PA66（阻燃等级：UL94，V-0），连接器采用优质的高导电金属材料。穿墙式接线端子广泛应用于一些需要穿墙解决方案的场合，如电源、滤波器、电气控制柜等电子设备。穿墙式接线端子绝缘性能好，防护等级高，用户只需要直接在外部接线后即可进行工作，省去了许多不必要的接线步骤。

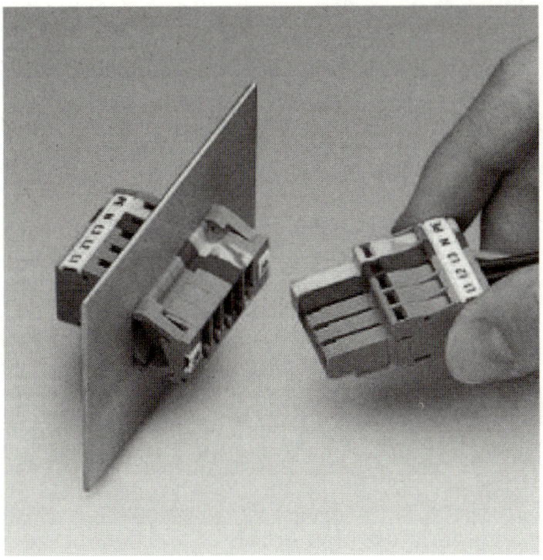

图 2-3-5　穿墙式接线端子

3. 编号方法

端子上的编号方法为：端子的左侧一般为与屏内设备相连接设备的编号或符号；中左侧为端子顺序编号；中右侧为控制回路相应编号；右侧一般为与屏外设备或小母线相连接的设备编号或符号；正负电源之间一般编写一个空端子号，以免造成短路，在最后预留 2 ~ 5 个备用端子号，向外引出电缆按其去向分别编号，并用一根线条集中表示。

相对编号法：即相对标号法，是目前二次回路中应用最广泛的编号方法。就是在每个接线端子处标明它所连接对象的编号，以表明二者之间相互连接关系的一种方法。如果甲乙两个设备的接线端子需要连接起来，在甲设备的接线端子上，标出乙设备接线端子的编号，同时，在乙设备该接线端子上标出甲设备接线端子的编号，即两个接线端子的编号互相对应，这表明甲乙两设备的相应端子应该连接起来。相对编号法主要用于屏后接线图。

三、实训要求

1. 实训时间

6 个学时。

2. 实训形式

学生自由组成小组，各小组制订实施方案及工作计划。组长协助教师指导本组学生学习，检查实训作业进度和质量，制订改进措施，共同完成项目任务。

3. 实训注意事项

（1）注意爱护实训设备，不得损坏。

（2）电脑只允许打开实训系统，不得进行其他操作。

（3）未经老师允许，不得擅动设备。

4. 材料准备

二次回路原理图、系统使用说明书等。

四、实训作业步骤（见图 2-3-6）

步骤 1　指导教师对端子分类及端子排图进行讲解。

步骤 2　学生分组，完成以下任务：

（1）分析端子排接线图的作用，并在实物设备上找到对应的端子。

（2）使用相对编号法找到任一接线端子的连接对象。

步骤 3　考核：

（1）给定三个端子，在实物设备上找到对应位置。

（2）给定三个端子，使用相对编号法在实物设备上找到另一端。

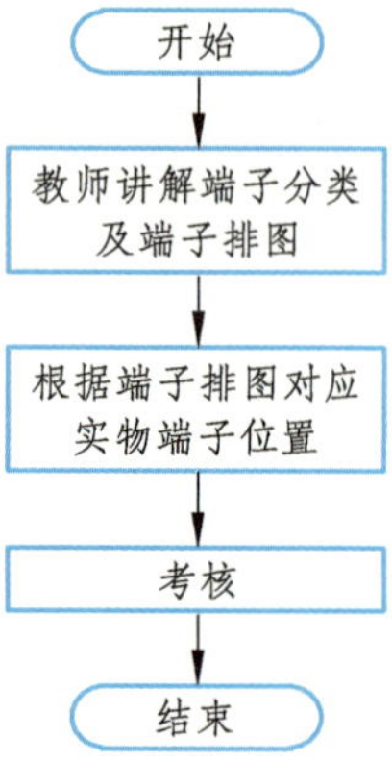

图 2-3-6　实训作业步骤

五、实训考核标准（见表 2-3-1）

表 2-3-1　任务三考核标准

项　目	考核内容及评分标准	配　分	扣分情况
1	1. 2 min 内找到三个端子的实物对应位置，每超 10 s 扣 10 分。 2. 使用相对编号法在 2 min 内找到端子的连接对象，每超 10 s 扣 10 分。 3. 禁止触碰裸露金属器件，否则每次扣 5 分。 4. 不得乱动端子排所连导线，否则每次扣 10 分	100	
总　分			

六、思考题

1. 端子排图上的两侧编号代表什么含义？

2. 端子排图的作用是什么？

项目三 断路器控制回路的配线安装与调试

任务一 断路器就地控制箱设备认知与联动原理

一、实训目的

（1）了解一、二次设备如何联动。

（2）认识就地控制箱设备。

（3）绘制出就地控制箱原理图。

二、理论链接

1. 功能介绍

在常态（不通电）的情况下处于断开状态的触点叫常开触点，在常态（不通电、无电流流过）的情况下处于闭合状态的触点叫常闭触点。

常开触点通常情况下是断开状态，即线圈未得电的情况下是断开的；而常闭触点通常情况下是关合状态，即线圈未得电的情况下是闭合的。

电磁式继电器一般由铁芯、线圈、衔铁、触点簧片等组成。只要在线圈两端加上一定的电压，线圈中就会流过一定的电流，从而产生电磁效应，衔铁就会在电磁力的吸引作用下克服返回弹簧的拉力吸向铁心，从而带动衔铁的动触点与静触点（常开触点）吸合。当线圈断电后，电磁的吸力也随之消失，衔铁就会在弹簧的反作用力下返回原来的位置，使动触点与原来的静触点（常闭触点）吸合。这样吸合、释放，从而达到在电路中导通、切断的目的。对于继电器的“常开、常闭”触点，可以这样来区别：继电器线圈未通电时，处于断开状态的静触点称为“常开触点”，常开、常闭触点的电路符号如图 3-1-1 所示。处于接通状态的静触点称为“常闭触点”。

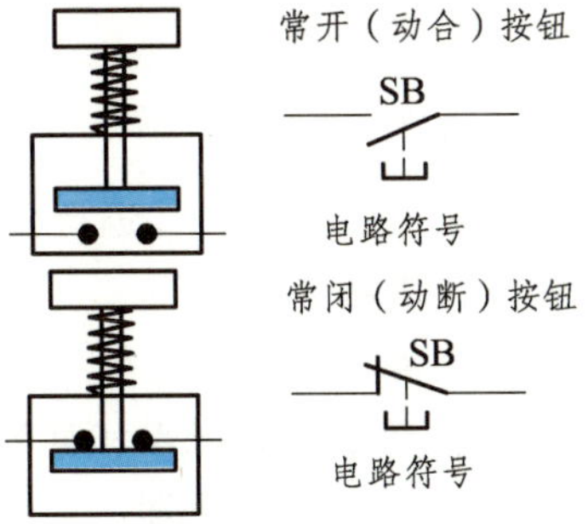

图 3-1-1 常开、常闭触点的电路符号

2. 就地控制箱

就地控制箱的正视图和内部示意图如图 3-1-2 和图 3-1-3 所示。

图 3-1-2　就地控制箱正视图

图 3-1-3　就地控制箱内部示意图

三、实训要求

1. 实训时间

6 个课时。

2. 实训形式

学生自由组成小组，各小组制订实施方案及工作计划。组长协助教师指导本组学生学习，检查实训作业进度和质量，制订改进措施，共同完成项目任务。

3. 实训注意事项

（1）注意爱护实训设备，不得损坏。

（2）电脑只允许打开实训系统，不得进行其他操作。

（3）未经老师允许，不得擅动设备。

4. 材料准备

二次回路原理图、系统使用说明书等。

四、实训作业步骤（见图 3-1-4）

步骤 1　指导教师对就地控制箱上的开关元件进行介绍认知。

步骤 2　指导教师对原理图进行讲解。

步骤 3　学生分组并完成以下任务。

（1）认识控制箱的开关元件，并分清常开触点和常闭触点。

（2）分析原理图，认识一、二次设备联动原理。

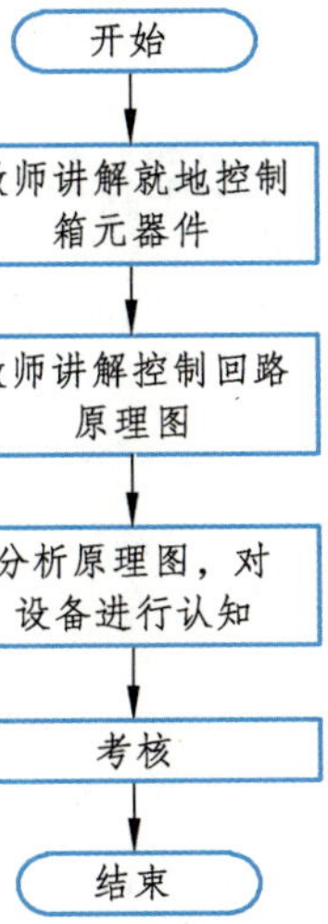

图 3-1-4 实训作业步骤

步骤 4 考核：

学生根据图纸，绘制出就地控制箱原理图。

五、实训考核标准（见表 3-1-1）

表 3-1-1 任务一考核标准

项 目	考核内容及评分标准	配 分	扣分情况
1	1. 完成就地控制箱原理图绘制，未完成扣 50 分。 2. 未标注元件引脚或未标注在元件符号下边线条的下方，每处扣 5 分。 3. 除引脚外，其他数字、字母、汉字应标注在线条的上方，每错一处扣 5 分。 4. 常开常闭点设备开口方向分别为左下和左上，每错一处扣 5 分。 5. 回路功能注释正确，每错一处扣 5 分。 6. 端子号按“端子排：端子号”的格式命名，字母和数字采用大写的格式，格式不正确每处扣 5 分	100	
总 分			

六、思考题

1. 常开触点通电瞬间状态是否会发生改变？为什么？
2. 为什么二次设备能实现对一次设备的控制？

任务二 断路器控制回路的配线与施工工艺标准

一、实训目的

（1）掌握二次回路施工工艺标准。
（2）做出符合标准的导线。
（3）会进行简单的接拆线。

二、理论链接

屏柜内配线电流回路应采用绝缘电压不低于 500 V 的铜芯绝缘导线，其截面面积不应小于 2.5 mm²；其他回路截面面积不应小于 1.5 mm²。

连接门上电器等可动部位的导线应采用多股软导线，敷设长度应有适当裕度；线束应有外套。塑料管等加强绝缘层与电器连接时，端部应绞紧，并应加终端附件或搪锡，不得松散、断股；在可动部位两端应用卡子固定。

电缆排列整齐，编号清晰，无交叉，固定牢固，不得使所接的端子排受到机械应力。

芯线按垂直或水平有规律地配置，排列整齐、清晰、美观，回路编号正确，绝缘良好，无损伤。芯线绑扎时扎带头间距统一、美观。

强弱电回路、双重化回路、交直流回路不应使用同一根电缆，并应分别成束分开排列。

二次回路接地端应接至专用接地铜排。

直线型接线方式应保证直线段水平，间距一致；S 形接线方式应保证 S 弯弧度一致。

芯线号码管长度一致，字体向外。号码管水平方向或置于接线端子两侧时，号码管文字方向从左往右。号码管垂直方向或置于接线端子上下两侧时，号码管文字方向从下往上。

电缆挂牌固定牢固，悬挂整齐。

三、实训要求

1. 实训时间

6 个学时。

2. 实训形式

学生自由组成小组，各小组制订实施方案及工作计划。组长协助教师指导本组学生学习，检查实训作业进度和质量，制订改进措施，共同完成项目任务。

3. 实训注意事项

（1）注意爱护实训设备，不得损坏。

（2）电脑只允许打开实训系统，不得进行其他操作。

（3）未经老师允许，不得擅动设备。

4. 工器具材料准备

二次回路原理图、系统使用说明书。

四、实训作业步骤（见图 3-2-1）

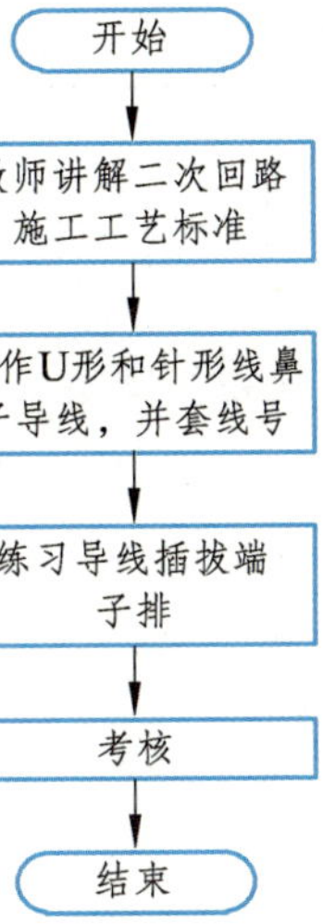

图 3-2-1　实训作业步骤

步骤 1　指导教师以实物设备为例，讲解二次回路施工工艺标准，并演示作业基本方法。

步骤 2　学生分组，完成以下任务。

（1）制作 U 形和针式线鼻子的导线，并套线号。

（2）练习导线插拔端子排。

步骤 3　考核：

每组制作 6 根符合标准的导线，取一组分/合闸灯、开关和远方当地开关，将其两端按工艺标准连接到端子排上。

五、实训考核标准

表 3-2-1　任务二考核标准

项　目	考核内容及评分标准	配　分	扣分情况
1	1. 线鼻子未露出或露出过短，每处扣 5 分。 2. 线号方向不对，每处扣 5 分。 3. 未绑扎带或扎带间距不符合标准，每处扣 5 分。 4. 导线长度不合适，每处扣 5 分 5. 有线槽处，未在线槽内走线每条扣 5 分。	100	

续表

项目	考核内容及评分标准	配分	扣分情况
	6. 端子插接松动，每处扣 5 分。 7. 导线压接松动，每处扣 5 分。 8. 作业结束后，未收拾场地扣 10 分	100	
总分			

六、思考题

1. 为什么制作导线时不能露铜?
2. 制作导线时为什么需要测量导线的长度?

任务三 断路器控制回路的接线与调试

一、实训目的

（1）能根据图纸进行实物接线。

（2）完成回路功能调试。

（3）能够排查回路故障。

二、理论链接

1. 使用电缆刀剥开多芯线缆的步骤

（1）先检查工具及线缆状况，确认状态是否良好。

（2）剥线刀对准电缆皮向前滑动，剥开外皮。

（3）到合适长度后用剥线刀在尾部环切一周，割开电缆外皮。

（4）抽出割下的电缆皮，将其中的多芯线按需求压接线鼻子，完成制作。

2. 功能介绍

合闸线圈是高压断路器中电动合闸部分的核心部件，是使用铜线绕成的有空心的圆柱形线圈。在高压断路器中，合闸是利用给合闸线圈通电后的电磁作用，把电能转化为机械能，使合闸线圈的衔铁来撞击断路器的合闸操动机构，达到使断路器合闸的目的。

3. 安装布线标准

（1）元器件配线，导线需要套线鼻子。

（2）剥线时尽量剥长些，套线鼻子的时候，线芯要伸出线鼻子 1 ~ 2 mm 长度，然后再用工具压牢。

（3）号码管水平方向或置于接线端子两侧时，号码管文字方向从左往右。

（4）号码管垂直方向或置于接线端子上下两侧时，号码管文字方向从下往上。

（5）导线的长度要求合适，禁止过长或过短。

（6）一个接线端子上禁止压接多根导线。

（7）剥线时禁止过长或过短，导致有露铜或者压接在绝缘皮上。

（8）元器件配线，禁止接点之间的导线中间有接头。

（9）BVR 1.0 mm 黑线绑扎间距要求为 50±5 mm。

（10）RVV 6*1.0 mm 多芯线绑扎间距要求为 200±5 mm。

（11）要求安装线槽盖。

（12）元器件上、下方有捆线柱的地方，要求把线缆扎在捆线柱上。

（13）元器件上、下方有线槽的地方，禁止线槽外走线。

（14）设备内禁止有悬空线头。
（15）所选元器件安装位置要求正确。

三、实训要求

1. 实训时间

6 个学时。

2. 实训形式

学生每 2 人组成一个工作小组，各小组制订实施方案及工作计划。组长协助教师指导本组学生学习，检查实训作业进度和质量，制订改进措施，共同完成项目任务。实训注意事项

3. 实训注意事项

（1）注意爱护实训设备，不得损坏。
（2）电脑只允许打开实训系统，不得进行其他操作。
（3）未经老师允许，不得擅动设备。

4. 材料准备

二次回路原理图、系统使用说明书等。

5. 工具准备

压线钳、剥线钳、斜口钳、十字螺丝刀、一字螺丝刀、电工刀、卷尺、线号机、线号管、管形端子、U 形端子、阻燃编织网管、单股电缆、多芯电缆、扎带、劳保手套。

四、实训作业步骤（见图 3-3-1）

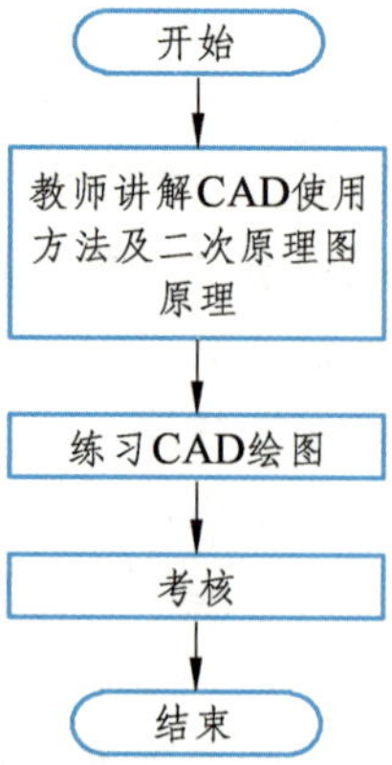

图 3-3-1 实训作业步骤

步骤 1 指导教师讲解工具的正常使用方法、二次原理图的控制原理。
步骤 2 熟悉 CAD 绘图软件。

步骤 3　考核：

（1）根据绘制的图纸制作导线

（2）按图接线实现功能。

五、实训考核标准（见表 3-3-1）

表 3-3-1　任务三考核标准

项　目	考核内容及评分标准	配　分	扣分情况
1	1. 接线时设备处于断电状态，否则本次成绩作废。 2. 断路器就地控制箱和馈线保护测控屏柜的远方/当地开关功能正常，未实现扣 5 分。 3. 断路器就地控制箱可以正常合闸，指示灯显示正常，未实现扣 5 分。 4. 断路器就地控制箱可以正常分闸，指示灯显示正常，未实现扣 5 分。 5. 馈线保护测控屏柜可以正常合闸，指示灯显示正常，未实现扣 5 分。 6. 馈线保护测控屏柜可以正常分闸，指示灯显示正常，未实现扣 5 分。 7. 馈线保护测控屏柜保护测控装置上位置指示显示正常，未实现扣 5 分	30	
2	1. 随机抽查对比电路图纸、接线表及实际接线，每错一处扣 5 分。 2. 正确使用工器具、测量仪表，使用不当或损坏扣 5 分	10	
3	1. 导线未套线鼻子，每次扣 2 分。 2. 号码管水平方向或置于接线端子两侧时，号码管文字方向从左往右，每错一处扣 2 分。 3. 号码管垂直方向或置于接线端子上下两侧时，号码管文字方向从下往上，每错一处扣 2 分。 4. 导线的长度要求合适，禁止过长或过短，每错一处扣 2 分。 5. 剥线时禁止过长或过短，导致有露铜或者压接在绝缘皮上，每错一处扣 2 分。 6. 元器件配线，禁止接点之间的导线中间有接头，每错一处扣 2 分。 7. 1.0 mm 黑线绑扎间距要求为 50±5 mm，每错一处扣 2 分。	60	

续表

项 目	考核内容及评分标准	配 分	扣分情况
	8. 6*1.0 mm 多芯线绑扎间距要求为 200±5 mm，每错一处扣 2 分。 9. 要求安装线槽盖，未安装每处扣 5 分。 10. 元器件上、下方有捆线柱的地方，要求把线缆扎在捆线柱上，未实现每处扣 5 分。 11. 元器件上、下方有线槽的地方，禁止线槽外走线，每出一根扣 2 分	60	
总 分			

六、思考题

1. 控制箱的合闸灯和馈线保护测控屏的灯是以什么形式连接的?
2. 合闸线圈是否一直得电，为什么?

任务四 断线类故障排查与处理

一、实训目的

（1）掌握断线类故障原理及分类。

（2）能根据故障现象判断故障类型。

（3）学会使用电压法测量回路断点。

二、理论链接

1. 故障分类

断线类故障按照回路功能分类，可以分为控制回路断线、分闸回路断线、合闸回路断线、分闸指示灯回路断线、合闸指示灯回路断线 5 种。

2. 二次原理图原理

当断路器在分闸位置时，断路器常闭辅助接点闭合，常开辅助接点打开，弹簧储能接点闭合，此时开关分闸位置监视回路接通，跳闸位置继电器（TWJ）励磁，保护装置上所对应的“跳位”灯亮。

当断路器合闸时，合闸命令所触发的合闸脉冲，经过防跳继电器常闭辅助接点和合闸保持继电器（HBJ），使回路中的合闸线圈励磁，断路器进行合闸。在合闸过程中，HBJ 辅助接点闭合，确保断路器可靠合闸。当断路器合闸到位后，断路器常闭接点（DL）打开，切断合闸回路，同时分闸回路中的常开接点（DL）闭合，使合闸位置继电器（HWJ）励磁，对应的“合位”灯亮。当断路器接到跳闸命令时，便可通过控制回路使断路器跳闸，其过程与断路器合闸过程类似。

如果控制回路出现问题，必须要有一个信号发出，以便及时发现和处理故障。这个提示控制回路有问题的信号便是“控制回路断线”，简称“控回断线”。

控制回路断线信号的发出一般是由 TWJ 与 HWJ 的常闭接点串联发出的，因为只有合闸和分闸回路都不通的情况下，控制回路才会有问题，否则只要有任何一个回路通，控制回路均为正常状态。开关位置在合位时，“控回断线”代表跳闸回路不通；开关位置在分位时，“控回断线”代表合闸回路不通。

在断路器正常的合闸操作过程中，也可能会出现“控制回路断线”信号。这是由于合闸时，弹簧释放能量使断路器合闸，此时弹簧处于未储能状态，控制回路中的弹簧储能接点打开，此时 TWJ 所在回路断开。同时由于断路器还未合到位，常开接点（DL）还是处于打开状态，从而 HWJ 不能励磁，这时 TWJ 与 HWJ 均不励磁，便发出控制回路断线信号。当合闸完成后，常开接点（DL）闭合，接通跳闸回路，HWJ 励磁，控断信号复归。由于断路器合闸过程时间很短，因此，控断信号发出后即复归。

3. 电压法

电压法是最常用且有效的电路检查方法。它通过检测电路中某些测试点工作电压是否偏大或偏小，判断产生电压变化的原因，这个原因也就是故障的原因。

电路在正常工作时，各部分的工作电压值是唯一的，当电路出现开路、短路、元器件性能变化等情况时，电压值必然会有相应的变化，电压检查法就是要检测到这种变化情况，然后加以分析。

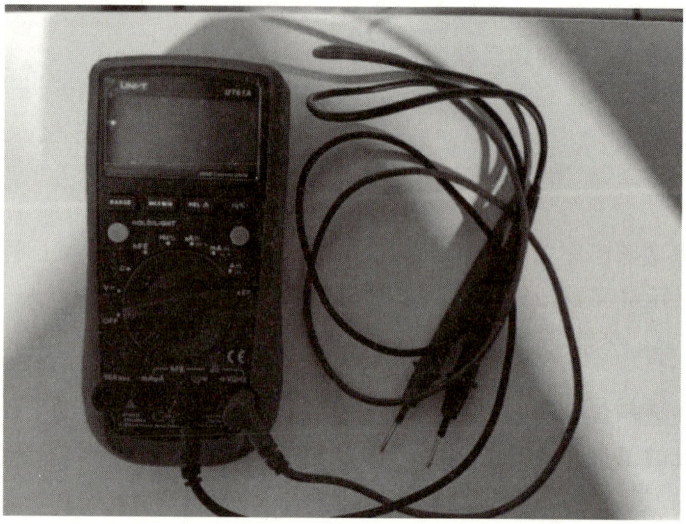

图 3-4-1　万用表示意图

三、实训要求

1. 实训时间

6 个学时。

2. 实训形式

学生自由组成小组，各小组制订实施方案及工作计划。组长协助教师指导本组学生学习，检查实训作业进度和质量，制订改进措施，共同完成项目任务。

3. 实训注意事项

（1）注意爱护实训设备，不得损坏。

（2）电脑只允许打开实训系统，不得进行其他操作。

（3）未经老师允许，不得擅动设备。

4. 材料准备

二次回路原理图、系统使用说明书、万用表等。

5. 工具准备

万用表。

四、实训作业步骤（见图 3-4-2）

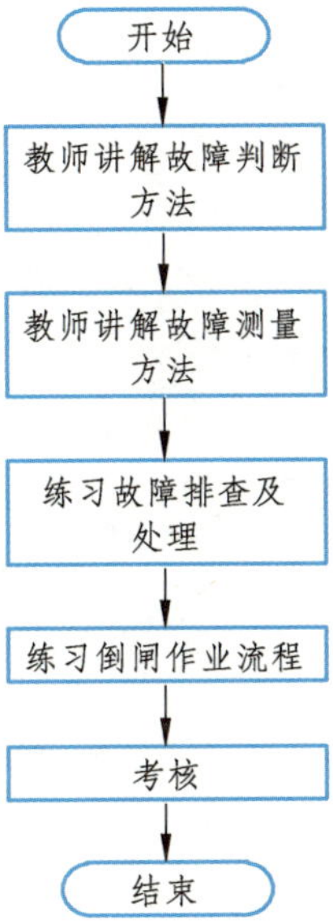

图 3-4-2　实训作业步骤

步骤 1　指导教师启动故障任务，根据故障现象来判断讲解故障类型。

步骤 2　针对某一故障，演示使用电压法来测量故障点。

步骤 3　学生分组完成以下任务：

（1）对原理图进行分析，判断出可能存在的故障点。

（2）讨论如何使用电压表法找出故障点。

步骤 4　考核：

随机启动任务，完成故障排查处理。

五、实训考核标准（见表 3-4-1）

表 3-4-1　任务四考核标准

项　目	考核内容及评分标准	配　分	扣分情况
1	完成系统题目，具体评分以系统成绩单为准	15	
2	1. 未按闭锁关系操作设备，每次扣 5 分。 2. 测量过程中工具掉落，每次扣 5 分。 3. 测量过程中不注意安全事项，每次扣 10 分。 4. 作业结束后未将工具、图纸放回原位，扣 5 分	85	
总　分			

六、思考题

1. 分合闸开关触点位置对测量故障有没有影响？如有，怎样才能避免？
2. 测量时使用交流档位还是直流档位？

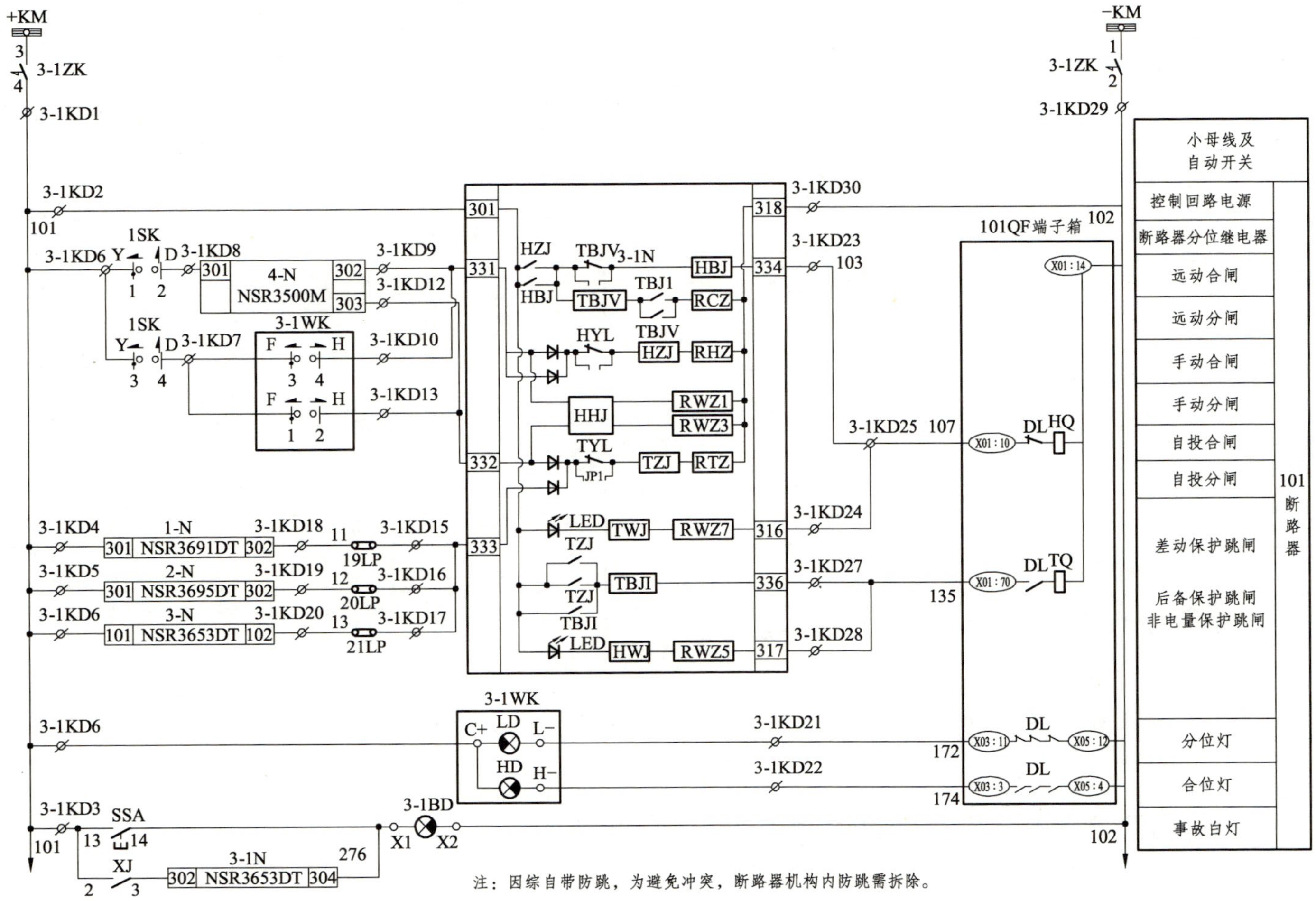

注：因综自带防跳，为避免冲突，断路器机构内防跳需拆除。

附图 3-4-1　断路器二次原理图

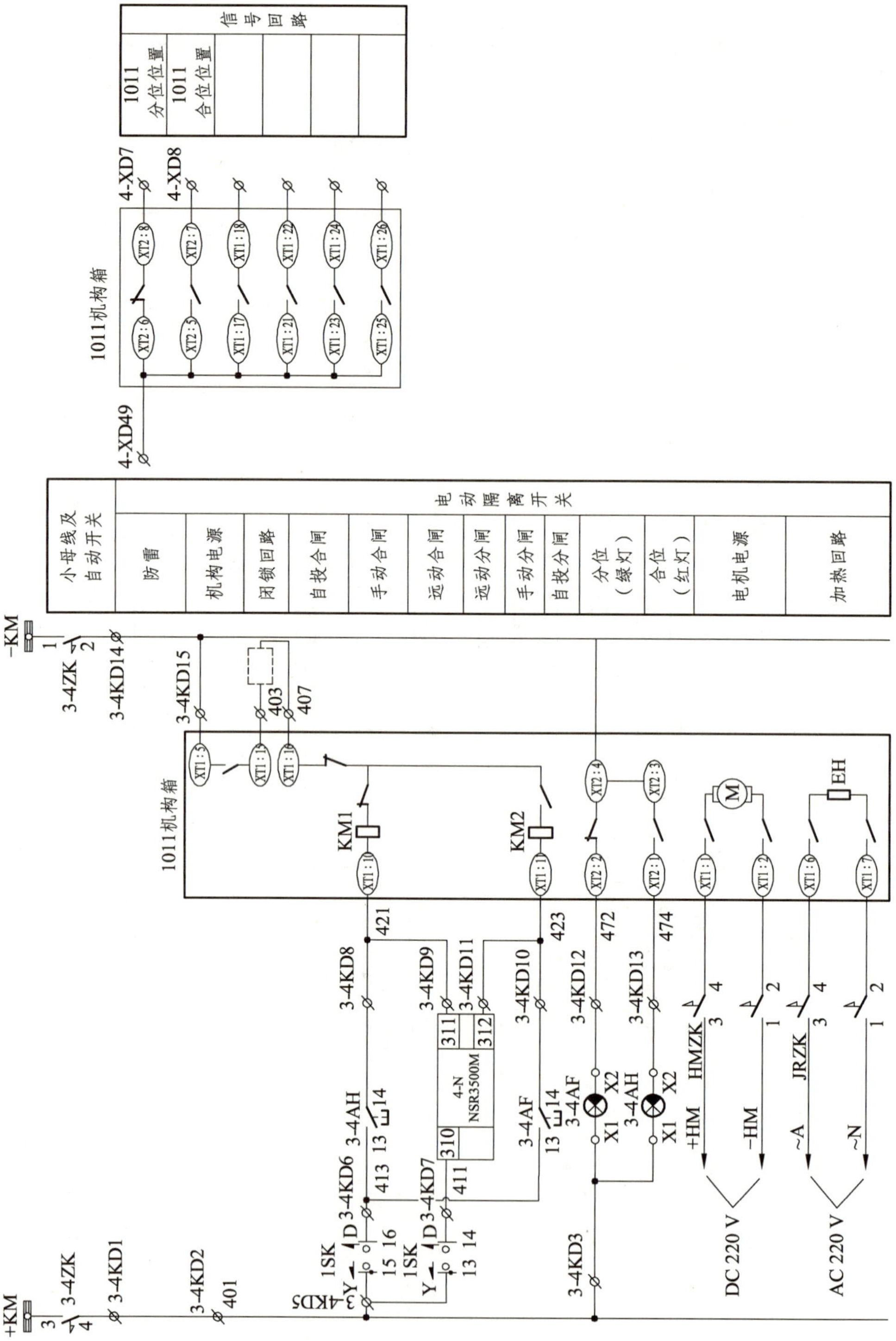

附图 3-4-2　隔离开关二次原理图

参考文献

[1] TG/GD 121—2015，高速铁路牵引变电所安全工作规则，2015.

[2] TG/GD 122—2015，高速铁路牵引变电所运行检修规则，2015.

[3] GB 50150—2016，电气装置安装工程电气设备交接试验标准[S]. 2016.

[4] 张刚毅，王先利，刘明晓. 高速铁路牵引供电[M]. 成都：西南交通大学出版社，2017.

[5] 马玲. 牵引供电规程与规则[M]. 北京：中国铁道出版社，2000.